AF248415

LE TRÉSOR

DE

NOTRE-DAME-DES-MIRACLES

A

MAURIAC

PAR

L'ABBÉ J.-B. CHABAU

CHANOINE HONORAIRE

AUMONIER DE SAINT-EUGÉNE, D'AURILLAC

ÉVREUX

IMPRIMERIE DE L'EURE, L. ODIEUVRE

—

1892

LE TRÉSOR

DE

NOTRE-DAME-DES-MIRACLES

A

MAURIAC

ÉVÊCHÉ
DE
SAINT-FLOUR

Saint-Flour, le 14 mai 1892.

BIEN CHER M. LE CHANOINE,

Je ne puis que vous féliciter de votre projet de publier une notice sur les Reliques possédées par l'église de Notre-Dame-des-Miracles. Vous sauverez ainsi de l'oubli des documents aussi précieux que rares; les fidèles qui vous liront apprécieront mieux le riche Trésor dont peut se glorifier la ville de Mauriac, et le culte des saints sera assurément plus en honneur. Je n'hésite donc pas, après avoir pris connaissance de votre consciencieux travail, à lui accorder l'*imprimatur*, heureux de seconder ainsi le pieux dessein d'un zèle qui a déjà porté des fruits.

Veuillez agréer, M. le Chanoine, l'expression de mon affectueux dévouement.

E. MERCUY,
vic. cap.

S. Marius.   S. Paulinus.
S. Quinidius.   S. Godericus
I. seguenot   F. 1658

Gravure du Bréviaire Mauriacois.
Toulouse, 1658.

LE TRÉSOR

DE

NOTRE-DAME-DES-MIRACLES

A

MAURIAC

PAR

L'ABBÉ J.-B. CHABAU

CHANOINE HONORAIRE

AUMONIER DE SAINT-EUGÈNE, D'AURILLAC

ÉVREUX

IMPRIMERIE DE L'EURE, L. ODIEUVRE

—

1892

LE TRÉSOR

DE

NOTRE-DAME-DES-MIRACLES

AVANT-PROPOS

On appelle *Trésor* d'une église l'ensemble des vases sacrés, reliquaires et autres objets précieux qu'elle possède. On appelle aussi *Trésor* la collection plus ou moins considérable des saintes Reliques dont elle est enrichie. C'est dans ce dernier sens que nous prenons ici ce mot.

L'Eglise a toujours conservé religieusement et proposé à la vénération des fidèles les restes sacrés des martyrs et autres saints canonisés. « Les fidèles, dit le saint Concile de Trente, doivent porter respect aux corps sacrés des martyrs et des autres saints qui vivent avec Jésus-Christ; et ceux qui soutiennent qu'on ne doit point d'honneur ni de vénération aux Reliques des saints, ou que c'est inutilement que les fidèles leur portent respect, doivent être condamnés, comme l'Église les a toujours condamnés et les condamne encore maintenant. » 1.

La raison qu'en donne le concile est que les corps des saints ont été les membres vivants de Jésus-Christ et les temples du saint Esprit; qu'ils doivent ressusciter un jour pour la vie éternelle, et que Dieu nous accordant beaucoup de grâces par leur moyen, il fait voir par là combien le culte que nous leur rendons est agréable à ses yeux.

Dans tous les temps, en effet, des faveurs extraordinaires ont été obtenues, des miracles éclatants et innombrables ont été opérés par les Reliques des Saints. L'histoire de l'Église et les saints Pères en rapportent un grand nombre dont l'authenticité ne saurait être révoquée en doute.

De plus, le culte des Reliques ne peut manquer de plaire à Dieu, parce qu'il tend, de sa nature, à nous rendre meilleurs. En apercevant les Reliques des Saints, en approchant de leurs dépouilles mortelles, en y appliquant nos lèvres, un respect religieux s'empare de nos sens : le souvenir des vertus qu'ils pratiquèrent, du bien qu'ils firent se retrace vivement à notre esprit. Il sort de leurs tombeaux, comme une voix secrète qui nous invite à les admirer, à les imiter. 2.

Dans ce petit travail sur les Reliques de Mauriac, nous commencerons par donner, dans l'ordre alphabétique, le nom des saints dont l'église de Notre-Dame-des-Miracles possède actuellement

1. *Conc. Trid. sess.* **XXV.**
2. Guillois. II, 129-131

des Reliques, (particules ou reliques plus considérables), en mettant tout d'abord, et à part, celles
de Notre-Seigneur et de la sainte Vierge.

Puis nous rédigerons, pour les personnes
pieuses, des Litanies qui permettront d'invoquer
successivement les saints patrons de Mauriac et
autres saints mentionnés dans le catalogue précédent. Ces Litanies sont calquées sur les Litanies
des Saints, au bréviaire romain.

Enfin nous donnerons les divers actes publics
et documents que nous avons pu trouver, ayant
pour objet les Reliques que Mauriac a possédées
dans le passé, ou possède encore aujourd'hui.
Nous aurons soin de traduire, pour l'intelligence
de tous les lecteurs, les documents latins. Cette
partie sera la plus considérable de cet opuscule,
qui aura ainsi l'avantage de réunir et de conser-
ver des documents épars et exposés à périr, qu'on
ne trouve que dans des ouvrages devenus rares,
et dont plusieurs même sont encore inédits.

*Aurillac, le 15 février 1892, en la fête de
saint Quinide, ancien patron de Mauriac.*

J.-B. CHABAU,
Chanoine honoraire.

———————◆◆◆———————

CATALOGUE ALPHABÉTIQUE

DES SAINTES RELIQUES ACTUELLEMENT CONSERVÉES

DANS L'ÉGLISE DE MAURIAC

I

RELIQUES DE N.-S. ET DE LA PASSION

Ascension, (du lieu de l')
Calvaire, (du mont)
Cédron, (pierre du torrent de)
Cénacle, (de la maison du)
Croix, (du bois de la vraie)
Croix, (du lieu de l'Invention de la sainte)
Flagellation, (du lieu de la)
Gethsémani, (du jardin de)
Lance, (de la rouille de la sainte)
Nativité, (de la grotte de la)
Nazareth, (de la maison de)
Sépulcre, (du saint)
Thabor, (du mont)
Voie douloureuse, (de la)

II

RELIQUES DE LA SAINTE VIERGE

Sépulcre de Marie, (du)
Visitation, (du lieu de la)
Voile de la sainte Vierge, (du)

III

Reliques des Saints

Ste Agathe, V. M.

Ste Agnès, V. M.

    Agnus Dei béni par Léon XIII.

Ste Anne, (de la maison de)

S. Antoine, abbé.

S. Antoine de Padoue, C.

Ste Apollonie, V. M.

S. Aurélien, M.

Ste Barbe, V. M.

S. Benoit-Joseph *Labre*, C.

S. Bernard, de Clairvaux, C. D.

S. Bernard, abbé de Montsalvy, C.

S. Blaise, Ev. M.

Ste Blandine, M.

S. Blandinus, M.

S. Camille de Lellis, C.

S. Candide, M.

Ste Cécile, V. M.

S. Clair, M.

Ste Claire, V.

S. Clément, M.

S. Côme, M. (Un fragment assez considérable du chef).

S. Damien, M.

S. Dominique, C.

S. Eloi, Ev. C.

S. Etienne, 1er Mart. (du lieu de la lapidation).

S. Eustache, M.
S. Exupère, Ev. C.

S. Félix, M.
Ste Flore, de Maurs, V.
S. Flour, Ev. C.
S. François d'Assise, C.
S. François de Sales, C. D.

S. Georges, M.
S. Géraud, C.

SS. Innocents.

S. Jean-Baptiste, précurseur du Messie.
B. Jean-Gabriel *Perboyre*, M.
S. Joseph, Époux de Marie.

Ste Léobarde, M.
S. Longin, M.
S. Louis, roi, C.

Bse Marguerite-Marie *Alacoque*, V.
Ste Marie-Madeleine de Pazzis, V.
Ste Marthe, V.
S. Martial, Ev. C.
S. MARY, prêtre, C. (Le chef presque entier).
S. Maurice, M.
S. Médard, Ev. C.
Ste Monique, veuve.

S. PAULIN, M.
S. Paulin, de Nôle, Ev. C.
Ste Philomène, V. M.
S. Pie, M.
S. Pierre, apôtre.

Prison Mamertine, (de la)
S. Prosper, C.
S. Protais, M.

S. QUINIDE, Ev. C. (du chef et des côtes).

S^{tes} RELIQUES de saints dont le nom est perdu.
S. Réparat, M.

S. Stanislas Kostka, C.
S. Symphorien, M.

Ste TÉODECHILDE, V. (une côte).
S. Thomas d'Aquin, C.

Ste Ursule, V. M.

S. Venustus, M.
Ste Véronique de Julianis, V.
Ste Victoire, V. M.
S. Vincent, M.
S. Vincent de Paul, C.
S. Vincent, C.

En tout quatre-vingt-neuf Reliques dont quelques unes sont assez importantes, et plusieurs autres multiples.

LITANIES

Seigneur, ayez pitié de nous.
Christ, ayez pitié de nous.
Seigneur, ayez pitié de nous.
Christ, écoutez-nous.
Christ, exaucez-nous.
Père céleste qui êtes Dieu, ayez pitié de nous.
Fils Rédempteur du monde qui êtes Dieu, ayez
   pitié de nous.
Esprit-Saint qui êtes Dieu, ayez pitié de nous.
Sainte Trinité qui êtes un seul Dieu, ayez pitié
   de nous.

Jésus, Fils du Dieu vivant, ayez pitié de nous.
Jésus, Fils de la Vierge Marie, ayez pitié de nous.
Jésus, modèle de toutes les vertus, ayez pitié de
   nous.
Jésus, couronne de tous les saints, ayez pitié de
   nous.

SAINTE MARIE, priez pour nous.

Sainte Mère de Dieu, priez pour nous.

Sainte Vierge des vierges, priez pour nous,

REINE DES MIRACLES, patronne de Mauriac, priez pour nous.

Par le mystère de votre Visitation, nous vous en supplions, priez pour nous.

Par le mystère de votre Assomption, nous vous en supplions, priez pour nous.

SAINT JOSEPH, priez pour nous.

Saint Jean-Baptiste.

Tous les saints patriarches et prophètes, priez pour nous.

Saint Pierre, priez pour nous.

Tous les saints disciples du Seigneur.

Tous les saints Innocents, priez pour nous.

SAINT PAULIN, protecteur de Mauriac, priez pour nous.

Saint Étienne.

Saint Vincent.

Saint Longin.

Saint Côme et saint Damien.

Saint Protais.

Saint Symphorien.

Saint Blaise.

Saint Maurice.

Saint Georges.

Saint Eustache.

Saint Pie.

Saint Félix.

Saint Clair.

Saint Réparat.
Saint Venustus.
Saint Candide.
Saint Clément.
Saint Aurélien.
Saint Blandinus.
B. Jean-Gabriel Perboyre.
Tous les saints Martyrs, priez pour nous.

SAINT QUINIDE, patron de Mauriac, priez pour nous.
Saint Flour.
Saint Martial.
Saint Eloi.
Saint Médard.
Saint Paulin de Nôle.
Saint Exupère.
Saint François de Sales.
Tous les saints Pontifes, priez pour nous.

SAINT MARY, patron de Mauriac, priez pour nous.
Saint Géraud.
Saint Antoine.
Saint Bernard de Clairvaux.
Saint Bernard de Montsalvy.
Saint François.
Saint Antoine de Padoue.
Saint Louis, roi.
Saint Dominique.
Saint Thomas d'Aquin.
Saint Prosper.
Saint Camille de Lellis.

Saint Vincent de Paul.
Saint Stanislas Kostka.
Saint Benoît-Joseph Labre.
Tous les saints Prêtres et Lévites.
Tous les saints Moines et Ermites.
Tous les saints Confesseurs, priez pour nous.

SAINTE TÉODECHILDE, fondatrice de Mauriac, priez pour nous.
Sainte Marthe.
Sainte Flore.
Sainte Agnès.
Sainte Cécile.
Sainte Agathe.
Sainte Philomène.
Sainte Ursule.
Sainte Barbe.
Sainte Apollonie.
Sainte Blandine.
Sainte Léobarde.
Sainte Victoire.
Sainte Claire.
Sainte Véronique de Julianis.
Sainte Madeleine de Pazzis.
Bse Marguerite-Marie.
Sainte Anne.
Sainte Monique.
Sainte Jeanne-Françoise de Chantal.
Toutes les saintes Vierges et Veuves.
Tous les saints patrons de Mauriac.
Tous les Saints et Saintes de Dieu, intercédez pour nous.

Soyez-nous propice, pardonnez-nous Seigneur.
Soyez-nous propice, exaucez-nous Seigneur.
De tout mal, délivrez-nous Seigneur.
De tout péché.
De la foudre et des tempêtes.
De la peste, de la famine et de la guerre.
De la mort éternelle.

Par votre naissance, délivrez-nous Seigneur.
Par votre sainte enfance.
Par votre glorieuse transfiguration.
Par votre agonie et votre passion.
Par votre douloureuse flagellation.
Par votre chemin du Calvaire.
Par votre croix et votre délaissement.
Par votre mort et votre sépulture.
Par la lance qui perça votre côté.
Par votre sainte résurrection.
Par votre admirable ascension.
Par l'avènement de votre esprit consolateur.
Au jour du jugement, délivrez-nous, Seigneur.
Pauvres pécheurs que nous sommes, nous vous
  en prions, écoutez-nous.

Agneau de Dieu qui effacez les péchés du monde,
  pardonnez-nous, Seigneur.
Agneau de Dieu qui effacez les péchés du monde,
  exaucez-nous, Seigneur.
Agneau de Dieu qui effacez les péchés du monde,
  ayez pitié de nous, Seigneur.
Christ, écoutez-nous,
Christ, exaucez-nous.
  ℣. Priez pour nous, sainte Mère de Dieu.

℣. Afin que nous soyons dignes des promesses de Notre Seigneur Jésus-Christ.

℣. Les saints triompheront dans la gloire.

℟. Ils tressailliront de joie sur leurs trônes.

PRIONS

(Oraison de N.-D. des Miracles)

Seigneur Jésus-Christ qui avez consacré l'église de Mauriac en l'honneur de votre très-sainte Mère, et qui, par son intercession, l'avez illustrée d'innombrables Miracles, exaucez les prières des fidèles qui vous implorent pieusement dans son enceinte; et quelle que soit la tribulation qui les fait crier vers vous, accordez à tous le bienfait de vos consolations.

(Oraison de S. Paulin)

O Dieu, qui avez donné à saint Paulin, Martyr, la gloire d'une invincible constance dans la foi, accordez-nous par votre miséricorde et son intercession, de ne succomber à aucune tentation et d'obtenir la récompense promise à ceux qui vous demeurent fidèles.

(Oraison de S. Quinide)

Exaucez, nous vous en prions, Seigneur, les prières que nous vous adressons en l'honneur de saint Quinide, Confesseur et Pontife, et, par les mérites et l'intercession de celui qui vous a si dignement servi, daignez nous absoudre de tous nos péchés.

(Oraison de S. Mary)

C'est vous, ô mon Dieu, qui par la prédication de saint Mary, Confesseur, avez daigné nous retirer des ténèbres de l'infidélité pour nous appeler à l'admirable lumière de votre Evangile; faites maintenant que, par son intercession puissante, nous progressions dans la connaissance et la grâce de Notre Seigneur Jésus-Christ.

(Oraison de Ste Théodechilde)

O Dieu qui avez rendu la sainte Vierge Théodechile illustre, à la fois, par l'éclat de la naissance et la splendeur des vertus: accordez-nous par son intercession et ses mérites, de vous demeurer constamment unis par la pureté de vie, et de parvenir enfin à l'héritage du royaume éternel.

(Oraison pour la fête des Stes Reliques)

O Dieu, qui opérez toujours des merveilles par les Reliques de vos saints, augmentez en nous la foi à la résurrection des corps, et rendez-nous un jour participants de l'immortelle gloire, dont nous avons le gage dans leurs restes sacrés que nous vénérons. Par Jésus-Christ, Notre Seigneur, qui vit et règne avec vous, dans l'unité du Saint-

Esprit, durant les siècles des siècles. Ainsi soit-il.

Les fidèles sont engagés à réciter ces Litanies principalement les jours suivants :

15 février. — Fête de S. Quinide.

9 mai. — Fête de N.-D. des Miracles.

16 mai. — Octave de N.-D. des Miracles.

8 juin. — Fête de S. Mary.

15 juin. — Octave de S. Mary.

28 juin. — Fête de Ste Théodechilde.

3e Dimanche de juillet. — Fête de S. Paulin.

Dernier dimanche d'août. — Translation de S. Mary, dite *fête des Pagis*.

23 septembre. — Translation de S. Quinide.

16 octobre. — Invention du corps de Ste Théodechilde.

1er novembre. — Fête de tous les Saints.

6 novembre. — Fêtes des Stes Reliques.

25 novembre. — Translation de S. Paulin.

En outre ils feront bien toutes les fois qu'ils entrent à l'église, de réciter la prière suivante que le prêtre dit à la messe, quand il monte à l'autel, et qu'il le baise pour la première fois.

Nous vous prions, Seigneur, par les mérites des Saints dont les Reliques sont ici présentes, de vouloir bien nous accorder le pardon de tous nos péchés. Ainsi soit-il.

DOCUMENTS

Par un hasard singulier, ou plutôt par une aimable disposition de la Providence, Mauriac a pour Patrons des saints de tous les ordres : un *Apôtre*, S. Pierre, ancien titulaire du monastère bénédictin, auquel la ville doit son origine ; un *Évêque*, S. Quinide, le plus ancien patron secondaire de Mauriac dont le corps y fut apporté de Valson, en Provence, au IXe siècle ; un *Confesseur*, S. Mary, deuxième patron secondaire dont les reliques furent transférées de Saint-Mary-le-Creux chez nous, au XIe siècle ; un *Martyr*, S. Paulin, patron du collège et protecteur de Mauriac, dont le corps, retiré des catacombes, fut reçu à Mauriac avec une pompe extraordinaire, en 1650 ; une *Vierge*, Ste Théodechilde, première fondatrice de la ville et du pèlerinage, dont deux reliques considérables nous sont venues de Sens, où son corps repose, en 1663 et 1877. Enfin, et par dessus tous les autres, la Ste Vierge, Reine de tous les Saints, honorée sous le titre glorieux de *N.-D. des Miracles* titulaire de l'église paroissiale et première patronne du lieu.

Nous donnons ci-après, dans cinq séries distinctes, tous les documents que nous avons pu recueillir concernant : 1° S. Quinide ; 2° S. Mary ; 3° S. Paulin ; 4° Ste Théodechilde ; 5° les autres diverses reliques possédées autrefois par l'église des Bénédictins et celle des Jésuites, et aujourd'hui par l'église de la paroisse.

———————×———————

SÉRIE A

SAINT QUINIDE

Nᵒ 1

TRANSLATION
DU CORPS DE SAINT QUINIDE

DE VAISON A MAURIAC

(vers 733)

Jam a pluribus sive annis, sive sæculis, Mauriacenses Arverni sancti Quinidii corpus habent, ac debitis venerantur honoribus ; sed a quo tempore et quo faciente illud acceperint nullibi cartarum lego... Magis dixerim, si conjecturis agere fas mihi est, fuisse in veteribus Episcopis, qui Beatissimi corpus viri in templo quondam ei Vasione erecto, e parietinis nunc restituto, posuerit, cum ad abbatiam templo additam

---

TRADUCTION

Depuis longues années, et même depuis plusieurs siècles, les habitants de Mauriac, en Auvergne, possèdent le corps de S. Quinide et lui rendent tous les honneurs qui lui sont dus. Mais à quelle époque et de qui l'ont-ils reçu ? C'est ce que je ne trouve dans aucune charte. S'il m'est permis de faire quelque conjecture, je pense qu'un des anciens évêques de Vaison, ayant placé le corps du saint dans l'église qui lui fut autrefois dédiée, (église aujourd'hui entièrement rebâtie), fit élever à côté une abbaye mentionnée

et Paschali secundo pontifici romano cognitam, evo-
casset Mauriaco Monachos; atque in monachis San-
quinidianis etiam fuisse qui per Saracenorum, aliorum-
ve hominum, seu barbarorum, seu barbaris immanitate
parium, latrocinio ereptum, deportaverint Mauriacum.
Scilicet Auriliacense, ut alia taceam, in ipsa Arvern'a
monasterium, etiam per Delphinatum, aliasque longius
regiones, colonias deduxit, et Mauriacense cœnobium
à Theodiguilde, sen Theuchilde, Clodovæi filia, ante
mille et centum annos erectum, ea quondam claruit
morum integritate, ut non magnum videri debeat, si
feratur habitatum a monachis quos vasionensis episcopus expetierit.

J. Colombi, S. J. *De rebus gestis episcoporum Vasio-
nensium.* — Lyon, 1656. p. 51, 52.

---

par le pape Pascal II, et y appela des moines de Mauriac; ou bien que les moines de S. Quinide transportèrent à Mauriac le corps de leur saint patron, pour
le soustraire aux déprédations des Sarrasins, ou des
barbares, ou d'autres hommes aussi méchants que les
barbares. En effet le monastère d'Aurillac, aussi en
Auvergne, pour ne parler que de celui-là, avait envoyé
des colonies de moines jusque dans le Dauphiné et
d'autres régions encore plus éloignées; de plus le
monastère de Mauriac, fondé, il y a plus de onze cents
ans, par Théodechilde, fille de Clovis, brilla autrefois
d'une telle sainteté de mœurs qu'il ne serait pas
étonnant que ses moines eussent été appelés par
l'évêque de Vaison. 1

1. La vérité est que ce furent les moines de Vaison qui,
fuyant l'invasion des Sarrasins, transportèrent à Mauriac le
corps de S. Quinide qui y est resté depuis.

N° 2

PROFANATION

DU CORPS DE SAINT QUINIDE

ET DONATION D'UNE DE SES RELIQUES

(avril 1574-1633)

En 1574 les Huguenots s'emparèrent de Mauriac, et enlevèrent la châsse d'argent où reposait le corps de S. Quinis. Les ossements sacrés sont sauvés par les fidèles qui les remettent aux religieux trois mois après, la ville ayant été délivrée. Mgr Joseph-Marie de Suarez, élevé en 1633 sur la chaire épiscopale de Vaison, avait sollicité, pour son église cathédrale, et obtenu des religieux bénédictins de Mauriac la machoire inférieure de S. Quinis; sur la demande de Mgr l'archevêque d'Aix, il en détacha, le 23 janvier 1639, une portion notable à laquelle adhérait encore une dent, en faveur de la paroisse de Camps.....

Neuvaine en l'honneur de S. Quinis, par l'abbé Boyer, curé de Camps. Imprimerie de N.-D. de Lérins, 1879, p. 81.

N° 3

UNE TRANSLATION
DES RELIQUES DE SAINT QUINIDE

(23 septembre 1653)

Ejus corpus (S. Quinidii) integrum cum sacro capite a multis retro temporibus conservant monachi Benedictini S. Petri de Mauriaco Congregationis S. Mauri, ac festum ejus solemni ritu die 15 februarii et die 23 septembris, quâ ejus reliquiæ magno apparatu in capsam decentiorem translatæ sunt, anno 1653, piis curis Rever. patris Dom Roricii Gottereau, prioris.
Gallia christiana. Ecclesia Vasionensis, 1716.

TRADUCTION

Les moines bénédictins du monastère de Mauriac, de la Congrégation de Saint-Maur, conservent, depuis longtemps, le corps entier de S. Quinide, avec son sacré chef, et célèbrent sa fête d'une manière très solennelle, le 15 février et le 23 septembre. A cette dernière date de l'année 1653, ses reliques furent transférées solennellement dans une châsse plus convenable, par les soins du R. P. Dom Rorice Gottereau, prieur.

N° 4

« Nous arrivâmes à Mauriac, à huit heures du matin (30 juillet 1712). Après dîner, je fis quelques visites avec le R. P. Prieur. Après vêpres, je vis quelques papiers du coffre du dépôt, où il y a un procès-verbal des Reliques de S. Quinide, évêque de Vaison, dans une châsse dorée par les soins de D. Rorice Gottereau, prieur de Mauriac, l'an 1653, le 23 septembre. Le corps de ce saint prélat est encore tout entier. »

Journal de voyage de D. Jacques Boyer, Clermont-Ferrand, 1886, p. 243. 1.

1. Aux n°° 6 et 20 des documents qui suivent on trouvera la mention de plusieurs fragments de la tête et des côtes de S Quinide échappés à la Révolution.

SÉRIE B
SAINT MARY

Nº 5
TRANSLATION
DU CORPS DE SAINT MARY

A MAURIAC

(XIe siècle)

Nobilissima quædam femina, Ermengardis nomine, cum ingenti multitudine militum, locum adiens antiquæ Beati Corporis (sancti Marii) tumulationis, videlicet specum illam Vallis-Jornensis, ubi ecclesia olim super illam fuerat constructa, asportatum idem corpus a loco ipso, et ubi jam non satis forte digno sibique grato celebrebatur obsequio; ad quoddam monasterium sancti Petri, loco illo situm quem appellabant Mauriacum, transvehi fecit, ubi religiosorum digno gratoque excoleretur servitio monachorum.

Bollandistes *Acta Sanctorum*, octavo junii; *De Sancto Mario*, nº 25.

TRADUCTION

Une noble Dame, nommée Ermengarde, se rendit, accompagnée d'un grand nombre de chevaliers, au lieu de l'antique sépulture de S. Mary, c'est-à-dire à la grotte du Mont-Journal, au-dessus de laquelle une église avait été bâtie dans le temps. Elle fit enlever le corps du saint de ce lieu où il n'était plus honoré d'une manière convenable, et le fit transporter dans un certain monastère de Saint-Pierre, situé dans un endroit appelé Mauriac, afin qu'il y fût plus dignement honoré par les prières des moines.

N° 6

PROFANATION DES CORPS
DE SAINT MARY ET DE SAINT QUINIDE

PAR LES HUGUENOTS

(avril 1574)

... Ils emportèrent (les Huguenots) une croix d'argent surdorée et enrichie de beaucoup de reliques et de pierres précieuses, d'une insigne grandeur, qu'on appelait la *Croix de S. Pierre*, qui estoit une des plus précieuses et des plus riches croix, qui soient en monastère de France, la chasse du mesme sainct, qui estoit de la grandeur quasi d'un homme. On emporta de plus tous les vases sacrés, les chasses artistement élaborées des corps de S. Mary et de S. Quinide, qui estoient de fin argent et plusieurs autres coffretz de mesme estoffe, ou estoient les reliques et ossementz de plusieurs et divers sainctz et vindrent à disperser icelles par ci par là, s'en iouans entr'eux, et finalement tous les meubles et thrésors dont le dit monastère estoit enrichi et décoré. Les susdites reliques furent recueillies et cachées par des gens de bien et remises par après dans le monastère entre les mains des religieux, lorsque ceste vermine et racaille eust quitté la ville...

Chronique Mss de Louis Mourguyos, prêtre de Mauriac, s'arrêtant en 1630.

N° 7

LA CHASSE DU SAINT
AU PUY SAINT-MARY

Quoy qu'on ayt dédié une chapelle pour reposer le corps de sainct Mary, dans l'église du monastère de Sainct Pierre de Mauriac, si est-ce que le dimanche devant la feste du sainct, qui est le 8 juin, on le porte en procession à une église édifiée en son nom sur une montagne appelée Puy Sainct Mary, à deux volées de canon de la ville, où il est visité de tous les voisins durant trois mois, d'où il est après rapporté en procession au mesme monastère. Cette église fut consacrée par le Révérend Evesque Estienne, et la nuict du jour qu'elle fut consacrée, on vid sur son toict une clarté miraculeuse, qui éclaira tout le païs, bien loin aux environs.

Jacques Branche : *La vie des saincts et sainctes d'Auvergne*. Clermont-Ferrand, 1651.

N° 8

UNE TRANSLATION
DU CORPS DE SAINT MARY
(21 septembre 1653)

« Autre procès-verbal de la translation de reliques de saint Mary, patron de Mauriac, le 21 septembre 1653, D. Joachim Gérentes fit faire un buste de bois argenté et D. François Douay, visiteur, y mit avec solennité le chef de saint Mary, le 22 juillet 1701. »

Journal de voyage de D. Jacques Boyer, (30 juillet 1712), p. 243. 1.

N° 9

DONATION

D'UNE RELIQUE DE SAINT MARY

« Le père abbé (de Chezal-Benoit) me fit voir plusieurs reliques qui sont dans le coffre du dépôt, et entre autres l'os appelé *Radius* de S. Mary, apôtre de la Haute-Auvergne, que nos confrères de Mauriac ont donné à ce monastère, du temps de D. Marc Rivard, visiteur de la province de Chezal-Benoit. » 2.

Journal de Voyage de D. Jacques Boyer, (24 mai 1711). p. 82.

N° 10

PROCÈS-VERBAL

DE LA

TRANSLATION DU CHEF DE SAINT MARY

(22 juillet 1701)

L'an de Nostre Seigneur Jésus-Christ mil sept cent un, le vingt-deux juillet, par devant nous Fre François Douay, humble visiteur de la congrégation de Saint-Maur, ordre de saint Benoist, dans la province

1. Le procès-verbal de cette seconde translation est donné ci-après.

2. D. Marc Rivard mourut à Saint-Vaudrille, le 27 juillet 1697.

de Chezal-Benoist, durant l'acte de notre visite du monastère de S. Pierre de Mauriac, a comparu le Révérend Père Dom Joachim Gérentes, prieur dud. monastère, lequel nous a représenté que lui et les religieux de sa communauté voyant que le corps du glorieux saint Mary, apostre et protecteur du Haut-Auvergne, un des septente disciples de Nostre Seigneur Jésus-Christ et patron de la présente ville de Mauriac, estoit dans une châsse en partie dédorée et assez malpropre, et son chef aussi dans un buste de bois aussi dédoré auraient, par un sentiment de respect et de reconnaissance dud. sainct, dont ils ressentent journellement avec toute la Haute-Auvergne si avantageusement la protection, faict faire une chasse façon débaine, ornée de festons et couverte de grands feuillages argentés avec un buste de bois pareillement argenté, posé sur un piédestal façon débaine pour les reliques de ce grand saint qui ont toujours esté conservées dans l'église de ce monastère, et auraient obtenu permission du T. R. Père général dud. ordre et congrégation, de faire la translation des susdites reliques dans les dites châsses. A ces fins nous nous serions transporté dans la sacristie dud. monastère, accompagné dudit Dom Joachim, prieur, Dom Benoist Terrasse, sous-prieur, et sacristin, Dom Philippe Raffier nostre secrétaire et autres religieux sous signés dud. monastère où estant revettu d'estolle et les cierges allumés, après avoir faict nos prières a genous devant le chef dud. S. Mary, avons béni le nouveau buste argenté, puis la susdite relique estant tirée ors du vieux buste de bois doré où elle estait renfermée et l'ouverture condamnée par deux barres de fer clouées, avons trouvé la teste du sainct tout entière, et la machoire entière avec quelques dents molaires, le tout ployé dans un linge fort blanc, couvert de coton et de tafetas vert, avec une attestation écrite sur du parchemin couchée en ces termes : *Icy repose le sacré chef du glorieux sainct Mary, apostre du Haut-Auvergne, et un des septantes disciples de Nostre Seigneur, dont il est faict mension dans le procès-verbal qui en a esté dressé ce-jourd'hui, 21 septembre mil six cent cinquante trois par devant le juge et officier de la présente ville de Mauriac avec les médecins et chirurgiens, lequel procès-verbal a esté mis dans la chasse dud. sainct et un autre dans les archives du monastère. En foy de quoy avons signé le présent mémoire les jour et an que dessus. Fre Rorisse Gaustereau, prieur, susdit, Fre Auremond Rougier, sous-prieur, Fre Séverin Maulet, scindic, Fre Maissan Marchand, Fre Gervais Balluel, Fre Anselme Inguibert.* Après avoir baisé la saincte relique nous en avons tiré le linge qui la couvre avec quelques cendres et particules que nous avons ployé dans un taffetas rouge pour être mis dans l'ancien buste de bois doré. Avons mis le susdit chef de S. Mary dans un nouveau linge neuf et couvert de mesme coton et taffetas vert, et avons adjouté au-dessus un voile rayé sur lequel nous avons exposé la machoire dud. S. Mary derrière la vistre dud. reliquaire dans lequel nous avons mis le chef dud S. Mary pour satisfaire à la dévotion du peuple. Puis y avons remis la susditte attestation ou mémoire que nous y avions trouvé avec le présent procès-verbal, dont le double restera dans les archives ou dépot de ce monastère. En foy de quoi j'ai signé le présent acte, avec le R. P. prieur, sous-prieur, nostre secrétaire et autres religieux de ce monastère et y avons apposé notre sceau et celui de ce monastère. Fait dans le susdit monastère les jours et an que dessus.

Signé : Fre François Douay, visiteur; Fre Joachim

Gérentes, prieur; Fre Benoit Terrasse, souprieur et sacristin; Fre Gilbert de la Haussée; Fre Antoine Cochard; Fre Jacques Allain; Fre Bonnefont; Fre Jean Grandelcamp; Fre Philippe Raffier secrettaire.

Original aux archives de l'église paroissiale de Mauriac.

<div style="text-align:center">~~~~~~~~~~</div>

Nº 11

PROCÈS-VERBAL.

de quelques cendres et particules du chef de S. Mari et du linge dans lequel était ployé ledit chef pour être gardé dans les archives ou dépost du monastère, le double a esté mis avec les susdites reliques.

(25 juillet 1701)

L'an de N. S. Jésus-Christ mil sept cent un, le 25 juillet, nous Fre Gérentes, humble prieur du monastère de Saint-Pierre-de-Mauriac, de la Congrégation de S. Maur, ordre de S. Benoist, ayant été chargé par le R. P. Visiteur de cette province lorsqu'il fit la translation du chef du glorieux S. Mary un des 70 disciples de N. S. Jésus-Christ, apostre et protecteur du Haut-Auvergne, patron de la présante ville de Mauriac, dans un nouveau bust argenté, le 22 juillet de la présante année, de quelques cendres et petites particules du crane de S. Mary et du linge où il était enveloppé, qu'on retira pour en mettre un neuf, le tout ployé dans tafetas rouge cousu avec de la soye verte, et au dessus la suivante inscription sur du parchemin : *Icy sont des cendres et petites particules du chef de S. Mari, avec le linge dans lequel était enveloppé le dit chef, lorsqu'on le tira du vieux buste doré pour estre mis dans un bust argenté le 22 juillet 1701.* À ces fins, nous

nous sommes transporté ce iourd'huy dans la chapelle
dudit S. Mari qui est sur la monticule au bout du faubour
de cette ville, dans laquelle chapelle on avait transporté le susdit ancien bust de bois doré, aussitôt qu'on
en eût tiré le susdit chef de S. Mari, ou accompagné de
D. Benoist Terrasse, souprieur et sacristain du susdit
monastère et de D. Philippe Raffier secrettaire du susdit
R. P. Visiteur, après nous estre mis à genoux devant
l'autel pour y faire notre prière, nous avons ouvert le
susdit ancien buste de bois doré dont l'ouverture était
condamnée par deux bandes de fer clouées, et y avons
mis les susdits linge, particules et cendres, en mesme
état que nous les avions reçues du susd. R. P. Visiteur
pour y estres conservées et l'ouverture fermée et
condamnée comme elle était auparavant. En foy de
quoi nous avons signé le présent acte avec les susd.
souprieur et secrettaire, et l'avons scellé du sceau de
nôtre monastère. Fait en la susditte chapelle, les jour
et an que dessus.

Signé : Fre Joachim Gérentes, prieur; Fre Benoist
Terrasse, souprieur et sacristain; Fre Philippe Baffier,
secrettaire.

Original aux archives de l'église paroissiale de
Mauriac.

<hr>

Nᵒ 12

VOL D'UNE RELIQUE

DE SAINT MARY

(avril 1748)

Le samedi-saint de l'année 1743, les religieux du
monastère ornèrent de leur mieux le grand autel de

leur église et y déposèrent, comme c'est leur habitude aux grandes fêtes de l'année, toutes les châsses et reliquaires dont ils disposaient. Le mardi après Pâques, le sacristain du monastère, D. Jacques Desperets, voulant retirer les reliques, s'aperçut qu'il manquait un reliquaire en cristal contenant une dent de saint Mary, monté sur un piédestal d'argent, d'environ un pied de haut, sur lequel piédestal était écrit : *Dent de S. Mary.* Le reliquaire pouvait être de la valeur d'environ quarante à cinquante livres. Quelques diligences que pussent faire les religieux, ils ne purent découvrir ni le reliquaire ni l'auteur du vol.

Quelques jours après la boîte en argent des saintes huiles fut également volée avec effraction à l'église paroissiale.

L'auteur présumé de ces vols était un jeune homme de Mauriac qui fut cité à Aurillac, on ignore l'issue de l'affaire.

D'après la procédure d'enquête, entre les mains de M. l'abbé Serres, fondateur des Sœurs Garde-malades.

N° 13

PROCÈS-VERBAL

de la translation du chef de S. Mary et des reliques de S. Paulin, de Marchand à Mauriac.

(18 novembre 1821)

L'an de Notre-Seigneur Jésus-Christ mil huit cent vingt-un, le dimanche dix-huitième jour du mois de novembre, nous, Charles de Douhet d'Auzers, curé de Mauriac, archidiacre de cet arrondissement, département du Cantal, en vertu de l'ordonnance de Monseigneur l'évêque de Saint-Flour, du dixième octobre dernier, qui nous commet et autorise à authentiquer les reliques de S. Mary et de S. Paulin martyr, patrons secondaires de cette paroisse de Mauriac et à les transférer ensuite avec la plus grande solennité dans les églises où elles existaient avant la Révolution française, savoir celles de S. Mary dans notre église paroissiale, et celles de S. Paulin dans l'église du collège de la même ville, pour y être rendues à la vénération des fidèles; sommes allé processionnellement accompagné de tout le clergé de la ville, des confréries y établies, des autorités constituées, et d'un grand concours de peuple que nous avions tout précédemment prévenu et invité à cette sainte et auguste cérémonie, au hameau de Marchand et dans la chapelle de Monseigneur Louis Bertin, évêque, conservateu et dépositaire desdites reliques qu'il désirait rendre au culte et à la piété des fidèles, et pour laquelle fin nous présentâmes notre supplique à Monseigneur l'Evêque de ce diocèse, laquelle fut suivie de l'ordonnance sus-mentionnée, où ayant trouvé le dit Seigneur Louis Bertin, évêque, revêtu de ses habits épiscopaux, et après nous être mis à genoux pour saluer la croix et faire notre prière, le dit Seigneur évêque nous a présenté : en premier lieu les reliques de S. Mary, prêtre et apôtre du haut païs d'Auvergne, consistant en une partie notable de son chef plié dans un linge blanc avec du coton et enveloppé d'un voile de soie verte, nous avons reconnu que ces reliques étaient véritables, tant par la lecture d'un procès-verbal sous la date du vingt un septembre mil six cent cinquante trois, joint à ces restes précieux, que par le témoignage dudit Seigneur évêque, qui nous a expliqué les raisons pourquoi le chef n'était pas en son entier, ainsi qu'il était désigné l'être dans le dit procès-verbal; étant donc bien convaincu de l'authenticité de ces reliques de

S. Mari, nous les avons repliées dans les même linge et voile, les avons liées avec un ruban de couleur verte, et au désir de la dite ordonnance les avons scellées du cachet de nos armes : et de suite les ayant humblement baisées les avons déposées avec le plus profond respect dans le piédestal supportant le buste argenté dudit saint, en y joignant l'ancien procès-verbal et un quadruple du présent ; en second lieu celles de S. Paulin martyr, enfermées dans une boëte d'étain, et pliées dans un brevet en parchemin, signé de Monseigneur Louis d'Estain, évêque de Clermont, consistant en des parcelles assez considérables des ossements sacrés dudit saint, et sur l'authenticité desquelles le même Seigneur évêque nous a aussi rendu son témoignage. En conséquence nous avons refermé la dite boëte contenant les restes précieux de ce glorieux martyr, l'avons enveloppée d'un ruban rouge, scellée du cachet de nos armes et déposée avec les mêmes honneurs et respects dans une petite caisse de bois argenté ou nous avons aussi inséré un autre quadruple du présent procès-verbal. Enfin pour nous conformer entièrement à ce qui nous est prescrit par laditte ordonnance, avons scellé du cachet de armes tant laditte caisse contenant les restes précieux de S. Paulin, que le piédestal contenant ceux de S. Mari.

De tout quoi nous avons dressé le présent procès-verbal fait quadruple, pour deux êtres insérés, ainsi qu'il a été déjà dit, dans chacun des reliquaires, et les deux autres êtres déposés dans les archives de l'église paroissiale, et de celle du collège, et clos les dits jour, mois et an que dessus, en présence des soussignés avec nous curé, chacun avec ses qualités.

Signé : † Louis Bertin, év. — Lavernhe, ptre, ppl. — Conort, pt. v. — J. P. Filiol, ptre. et vic. — Babut, ptre. — Roche, ptre. — En l'absence du maire, le premier adjoint, Durieu. — Fontanges adjoint. — Vayssier, membre du conseil municipal. — G. Peyrac, conseiller mal. — Touchoy. — Dunel (?) membre mal. — Charles Dauzers, curé et archidiacre de Mauriac.

D'après l'original existant dans le piédestal du buste de S. Mary.

N° 14

PROCÈS-VERBAL

DE LA

VISITE DU CHEF DE SAINT MARY

(2 avril 1841)

Aujourd'hui deux avril mil huit cent quarante et un, nous, soussigné, chanoine honoraire du chapitre de Saint-Flour et secrétaire général de l'Evêché, avons visité le piédestal du buste de S. Mary, prêtre, confesseur, apôtre de la Haute-Auvergne, lequel est exposé à une chapelle de l'église paroissiale de Mauriac, en notre diocèse; et du consentement de M. Vidal, archiprêtre, chanoine honoraire, curé de la susdite paroisse, en présence de MM. Pigeolat, Clauzet et Jérémie, vicaires de la même église, tous soussignés avec nous, nous avons retiré de ce piédestal le chef de S. Mary qui y était renfermé, afin d'en détacher quelques parcelles, pour la cathédrale et autres églises du diocèse, suivant le désir de Monseigneur l'évêque.

Nous avons trouvé la sainte et précieuse relique enveloppée d'une pièce de soie blanche, enveloppée d'un beau ruban vert scellé en deux endroits, et ayant rompu un des sceaux pour détacher les rubans, nous avons retiré le chef du glorieux confesseur du linge qui l'enveloppait immédiatement, et après en avoir pris quelques parcelles, nous l'avons enveloppé de nouveau dû même linge et des mêmes pièces de soie, l'une verte et l'autre blanche, nous avons cousu cette dernière et l'avons attaché avec le même ruban que nous avons scellé en cinq endroits du sceau de Monseigneur de Marguerye, évêque du diocèse, et nous avons replacé la sainte relique dans le piédestal du buste.

En foi de ce avons dressé le présent procès-verbal signé des témoins précités et y avons apposé le sceau de l'évêché.

Fait à Mauriac le 2 avril 1841.

Signé : Bouange, chan. hon. secret. — Vidal, archip. curé de Mauriac; Pigeolat V^re; Clauzet, V^re; J.-B. Jérémie, ptre. vic.

D'après l'original existant dans le buste de S. Mary. 1.

1. Le buste aujourd'hui doré de S. Mary, renfermant le chef dudit saint, est conservé sur l'autel du transsept-nord de l'église de Mauriac, près de la porte de la sacristie, dédié à S. Mary.

N° 15

LETTRES D'AUTHENTICITÉ
de quelques reliques de S. Mary, de S. Éloi, et de S. Blandinus, martyr.

(15 avril 1878)

Episcopatus Sti Flori. — Reliquiæ recognitæ.

Franciscus-Maria-Benjaminus Baduel, Dei et sanctæ sedis apostolicæ gratia, episcopus Sancti-Flori.

Universis et singulis præsentes litteras inspecturis notum facimus et testamur quod nos, ad majorem Dei in sanctis suis mirabilis gloriam recognovimus sacras particulas, videlicet : 1° os unum sancti Marii, confessoris, Evangelii in Arvernia præconis et parochialis ecclesiæ Mauriacensis patroni secundarii ; 2° os unum sancti Eligii, Noviodunensis episcopi, confessoris, in cujus honorem pia olim in eadem ecclesia exstabat confraternitas ; 3° os unum cujusdam sancti ignoti

---

TRADUCTION

Evêché de Saint-Flour. — Reliques reconnues.

François-Marie-Benjamin Baduel, par la grâce de Dieu et du Saint Siège Apostolique, évêque de Saint-Flour.

A tous et chacun qui ces présentes lettres verront, faisons savoir et attestons que Nous, pour la plus grande gloire de Dieu admirable dans ses saints, avons reconnu les sacrées reliques suivantes, savoir : 1° un os de S. Mary, confesseur, prédicateur de l'Evangile en Auvergne et patron secondaire de l'église paroissiale de Mauriac ; 2° un os de S. Eloi, évêque de

nominis, cum prædictis reliquiis in loco tuto ejusdem
ecclesiæ Mauriacensis recenter inventum ; quas reliquias collocari fecimus in tubulum crystallinum ab
extremis partibus benè clausum et funiculo serico rubro
undique colligatum sigilloque nostro obsignatum.

Item recognovimus particulas corporis sancti Blan-
dini, martyris, repositas in theca ærea, orbiculari forma,
crystallo ab anteriori parte munita, posteriori vero
funiculis sericis rubri colligata, benè clausa, sigilloque
nostro signata.

Quas omnes reliquias, ita recognitas, Mauriacum
remisimus cum facultate illas in quacumque ecclesia
ant oratorio publicè fidelium venerationi exponendi, in
capsa benè decorata prius inclusas.

In quorum fidem has testimoniales litteras expediri
mandavimus. Datum Sanflori, in palatio nostro episco-
pali, sub signo vicarii nostri generalis, sigilloque nostro,

Noyon, confesseur, en l'honneur duquel existait autrefois, dans la même église, une pieuse confrairie ; 3° un
os d'un saint dont le nom est ignoré et qui a été trouvé
récemment avec les reliques précitées, dans un lieu
sûr de la dite église de Mauriac ; Nous avons fait
placer ces reliques dans un tube de verre bien fermé
à ses extrémités, entouré d'un cordon de soie rouge,
que nous avons scellé de notre sceau.

De même nous avons reconnu des particules du
corps de S. Blandinus, martyr, placées dans un reliquaire de cuivre, de forme ovale, munie par devant
d'un verre, attaché par derrière d'un cordon de soie
rouge, et nous l'avons scellé de notre sceau.

Ces reliques ainsi reconnues, Nous les avons renvo-
yés à Mauriac, avec la faculté de les exposer à la
vénération des fidèles dans toute église ou oratoire

ac secretarii generalis episcopatus nostri subscriptione, anno Domini millesimo octingentesimo septuagesimo octavo, die vero mensis aprilis 15.

Signé : Jalabert, V. g. pr. apost.

De mandato illustrissimi ac Reverendissimi D. D. episcopi Sancti-Flori, A. Tissier, s. g.

D'après l'original déposé dans la châsse.

---

public, après qu'elles auront été déposées dans une châsse convenablement ornée.

En foi de quoi nous avons fait expédier les présentes lettres testimoniales. Donné à Saint-Flour, en notre palais épiscopal, sous le seing de notre vicaire général, sous notre sceau et le contre-seing du secrétaire général de notre évêché, l'an de Notre-Seigneur mil huit cent soixante-dix-huit, le quinzième jour d'avril.

Signé : Jalabert, v. g. prot. apost.

Du mandement de l'illustrissime et Reverendissime évêque de Saint-Flour ; *signé :* A. Tissier, s. g. 1.

1. Ces quatre reliques, renfermées dans une châsse en cuivre doré et émaillé, sont gardées dans la chapelle de Sainte-Théodechille, autrefois du Crucifix, puis de Sainte-Agnès, aujourd'hui vulgairement appelée des *Enfants de Marie.* Plus loin, sous le n° 20, on trouvera une nouvelle translation de quelques reliques de S. Mary.

SÉRIE C

SAINT PAULIN

N° 16
ACTE DE DONATION
DU CORPS DE SAINT PAULIN, MARTYR,

AU COLLÈGE DE MAURIAC
PAR S. S. LE PAPE INNOCENT X

(25 juin 1648)

In nomine Domini. Amen.

Præsenti publico instrumento cunctis ubique pateat evidenter, et sit notum, quod anno a nativitate ejusdem Domini nostri Jesu-Christi millesimo sexcentesimo quadragesimo octavo, indictione prima, die vero vigesima quinta mensis junii, pontificatus autem sanctissimi in Christo patris, et D. N. Domini Innocentii divina providentia papæ decimi anno quarto. In mei notarii publici infra scripti, testiumque præsentia, præsens et

---

TRADUCTION

Au nom du Seigneur, amen.

Par le présent instrument public qu'il soit évident et connu de tous que l'an de la nativité de Notre Seigneur Jésus-Christ mil six cent quarante-huit, indiction première, le 25 juin, et la quatrième année du pontificat de Notre Très Saint-Père le pape Innocent X ; en présence de moi, notaire public soussigné et des

personaliter existens illustrissimus et Reverendissimus
Dominus Ascanius Rivaldus, Nob. romanus, Eminentissimi et Reverendissimi Domini Cardinalis Sanctissimi
D. N. Papæ vicarii vices-gerens sponte, etc,. Omni
meliori modo, etc. ad majorem Omnipotentis Dei, et
sanctorum suorum gloriam, fideliumque devotionis
augmentum, donavit, concessit, et largitus fuit admo-
dum R. P. Petro Caravitæ præsenti, etc., Corpus, sive
ossa Corporis S. Paulini, martyris, alias per D. S. illus-
trissimam et Reverendissimam ex cœmeterio Cyriacæ,
extra mænia Urbis existenti de mandato sanctissimi
D. N. Papæ extracti, repositum et collocatum in quadam capsula lignea, sericeo panno rubri coloris ornata,
et vitta pariter sericea turchini coloris alligata, ac
duobus in locis cum sigillo Eminentissimi et Reverendissimi D. Cardinalis Ginetti S. D. N. Papæ vicarii
sigillata, ad effectum tamen ut dictus adm. R. P. Pe-

---

témoins bas-nommés, a été présent en sa personne très
Illustre et très Révérend Seigneur Ascagne Rivaldus,
noble romain, vice-gérent de l'Illustrissime et Révérendissime Cardinal-vicaire de Sa Sainteté... lequel
pour la plus grande gloire de Dieu et de ses saints et
l'accroissement de la dévotion des fidèles, a donné et
concédé au très révérend père Pierre Caravita, présent,
le corps, ou les ossements du corps de S. Paulin,
martyr, extrait par le dit illustrissime et reverendissime Cardinal du cimetière de Sainte-Cyriaque-hors-
les-murs, du mandement de Sa Sainteté; enfermés
dans une châsse en bois, recouverte d'une étoffe de
soie rouge, attachée par un ruban de soie bleue et
scellée en deux endroits du sceau de l'éminentissime et
Révérendissime Cardinal Ginetti, vicaire général de
Sa Sainteté ; à cet effet cependant que le très-Révé-

trus possit et valeat prædictum sacrum corpus penes
se retinere, aliis personis donare extra Urbem, et ad
quemcumque locum transmittere, ac in quavis Ecclesia, sacello, oratorio, vel loco pio publice exponere,
seu collocare, ut a piis fidelibus devote venerari possit;
quodquidem sacrum corpus, ut supra repositum et
collocatum, ac sigillo munitum dictus adm. R. P. Pe-
trus majori, qua possit, devotione et reverentia rece-
pit, et gratias immortales retulit, illud que incontinenti
tradidit, et consignavit adm. R. Patri Bernardino
Boghillæ ad exponendum in Ecclesia Collegii Mauriaci
Societatis Jesu, in Arvernia, non solum præmisso, sed
omni alio meliori modo, etc. Super quibus omnibus et
singulis petitum fuit a me notario publico infrascripto,
ut unum, vel plura, publicum, seu publica conficerem,
atque traderem instrumentum, et instrumenta, prout
opus fuerit, et requisitus ero. Actum Romæ in domo

---

rend père Pierre aie la faculté de garder en sa posses-
sion le dit corps saint ou de le donner à d'autres personnes hors de la ville, ou de l'envoyer ailleurs, avec
la permission de le placer et de l'exposer dans une
église, chapelle, oratoire, et lieu public destiné au
culte, pour qu'il puisse y être vénéré par les fidèles.
Lequel corps saint enchassé et scellé comme il a été
dit plus haut, a été reçu par le très R. P. Pierre avec
toute la dévotion, la révérence et la gratitude possibles,
et incontinent celui-ci l'a donné et livré au très Révérend Père Bernardin Beauguil, pour être exposé dans
l'église du collège de Mauriac, en Auvergne, dirigé
par les pères de la Compagnie de Jésus, non seulement dans l'état où il est actuellement, mais de tout
autre manière plus convenable... De toutes et chacune
des choses susdites, il m'a été demandé à moi, notaire

solita habitationis dicti Illustrissimi et Reverendissimi D. vices-gerentis, præsentibus ibidem audientibus, et intelligentibus D. Carolo Bocchi Bononiensi, et D. Francisco Giannetto de Aquipendio, familiaribus testibus ad prædicta omnia, et singula vocatis, habitis specialiter, atque rogatis.

Ego Leonardus de Leonardis, civis Romanus, Curiæ Cardinalium, et Reverendissimi D. Almæ Urbis Cardinalis Sanctissimi D. N. papæ vicarii generalis notarius publicus de præmissis rogatus præsens instrumentum subscripsi, et publicavi requisitus in fidem.

L. Belleau, s. j. *L'histoire de la translation de S. Paulin, martyr.* Clermont. 1655. p. 179.

---

public soussigné, de faire livrer tous les actes publics qui seront nécessaires et dont je serais requis. Fait à Rome dans la maison d'habitation ordinaire dudit illustrissime et révérendissime cardinal vicaire. A ce furent présents D. Charles Bocchi, de Bologne; et D. François Gianneto, d'Aquapendente, témoins ordinaires, spécialement appelés pour tout ce qui précède.

Moi Leonard de Leonardis, citoyen Romain, notaire public de la cour des Cardinaux et du révérendissime Cardinal, vicaire général pour la ville de Rome, j'ai été prié de faire le présent instrument, l'ai signé et publié pour qu'il fasse foi.

N° 17

LETTRES AUTHENTIQUES
des Vicaires généraux du diocèse de Clermont, reconnaissant les reliques de S. Paulin, martyr, et en permettant l'exposition publique.

(25 novembre 1650)

Vicarii generales Diœcesis Claromontanæ a venerabili Capitulo cathedrali, sede vacante, constituti.

Omnibus in quorum manus hæ litteræ venerint, salutem in Domino sempiternam.

Cum ex parte Reverendi Patris Francisci de Gasche Societatis Jesu presbyteri, et collegii Mauriacensis ejusdem Societatis Rectoris, nobis expositum fuisset a

---

TRADUCTION

Les vicaires généraux du diocése de Clermont, nommés par le vénérable Chapitre Cathédral, le Siège vacant.

A tous ceux aux mains de qui parviendront ces présentes lettres, Salut éternel dans le Seigneur.

Le R. P. François de Gâches, prêtre de la Société de Jésus et Recteur du Collège de Mauriac, nous ayant exposé que Sa Sainteté le pape Innocent X avait donné au collége précité de Mauriac, les reliques ou ossements de S. Paulin, martyr, extraits du cimetiére de Cyriaque et ensuite enfermés dans une châsse en bois ornée d'une étoffe de soie rouge, entourée d'un ruban de soie bleue et scellée en deux endroits du sceau de l'Eminentissime et Révérendissime Cardinal Genetti vicaire de Sa Sainteté pour la ville de Rome, comme il conste de l'authentique donné par le dit Cardinal.

sanctissimo Domino Innocentio Papa decimo Reliquias sancti martyris Paulini, sive ossa corporis ejusdem ex cœmeterio Cyriacæ extracta, et postmodum in quadam capsula lignea sericeo panno rubri coloris ornata, et vitta pariter sericea turchini coloris alligata, ac duobus in locis sigillo Eminentissimi Cardinalis Ginetti Domini Papæ alma in Urbe vicarii obsignata, Ecclesiæ prædicti collegii Mauriacensis fuisse donata, prout ex authentica ab eodem Eminentissimo Cardinali data constat. Ut debitus honor ejusdem reliquiis S. Paulini martyris reddatur : nos prædictus Pater rogavit, ut pro nostro officio hujusmodi reliquiarum capsulam visitare, et super hac visitatione testimonium publicum, ut fidem apud omnes habeat conficere dignaremur. Cujus petitionibus annuentes, omnibus testatum voluimus, die vigesima quinta novembris an. mil. sexcent. quinquagesimi, Nobis prædictis vicariis generali-

---

Pour que les reliques dudit S. Paulin, martyr, puissent être honorées, comme il est dû, le susdit Père nous a priés de visiter, comme le porte notre office, la susdite châsse, et, d'après cette visite, vouloir bien donner un instrument public qui puisse faire foi aux yeux de tous; accédant à cette demande, nous voulons qu'il soit notoire à tous que, le 25 novembre 1650, dans l'église Cathédrale de Clermont, le Père François de Gâches nous a présenté, à nous vicaires généraux, l'authentique donné par l'Eminentissime Cardinal Ginetti, et après que la lecture en a été faite, une châsse ornée d'une étoffe de soie rouge, attachée avec des liens de soie bleue et scellée, en deux endroits, du sceau de l'Eminentissime Cardinal susdit, et nous avons trouvé les sceaux parfaitements sains et intacts. C'est pourquoi nous jugeons que les reliques enfermées dans

bus in Ecclesia cathedrali Claromontana constitutis a præfato Patre Franscisco de Gasches exhibitam fuisse authenticam Eminentissimi Cardinalis Ginetti in testimonium prædictorum datam, et post ejus lectionem capsulam sericeo panno rubri coloris ornatam, vitta pariter sericea turchini coloris alligatam, duobusque in locis sigillo prædicti Eminentissimi Cardinalis obsignatam, quæ sigilla salva et omni ex parte integra reperimus. Quare inclusas in hujusmodi capsula reliquias, ut indubitas eo, quo sancta Ecclesia martyrum et aliorum sanctorum reliquias colit, honore dignas judicamus, ac facultatem prædicto Patri concedimus hujusmodi reliquias in ornatiorem capsulam transferendi. In quorum fidem has litteras manu propria subscriptas, et sigillo officii nostri munitas dedimus.

Ducros, v. g. Tallandier, v. g. Tissandier, v. g. F. Chardon, v. g.

Per dictos dominos vicarios generales.

Vaugon, canon. et secretarius.

L'histoire de la Translation de S. Paulin, p. 181, 182.

---

cette châsse, sont d'une authenticité indubitable et doivent être honorées comme l'Eglise honore les reliques des autres saints martyrs. De plus nous donnons au susdit Père la faculté de les transférer dans une châsse plus précieuse.

En foi de quoi nous avons donné ces présentes lettres souscrites de notre main et munies du sceau de notre charge.

Ducros, v. g. Tallandier, v. g. Tissandier. v. g. F. Chardon, v. g.

Par mandement desdits Seigneurs vicaires généraux, Vaugon, chanoine, secrétaire.

N° 18

OUVERTURE DU CERCUEIL DE S. PAULIN

ET VÉRIFICATION DE SES RELIQUES

(22 Juillet 1651)

Ce fut le vingt-deux juillet (1651), après les premières vêpres, que le R. P. Gaches, Recteur du collège, accompagné des pères de nostre maison, des Prestres de la communauté de Mauriac et de plusieurs ecclésiastiques étrangers, en présence de quantité d'autres personnes de toutes conditions, s'étant présenté à l'autel dédié à la mémoire de S. Paulin, mit dessus le cercueil de ce saint, comme il estoit venu de Rome encores fermé, et cacheté du sceau du vicaire général de Sa Sainteté. D'abors tout le monde s'étant mis à genoux, on donna commencement à la feste par l'encensement des Reliques et l'invocation publique du saint. Puis le R. P. Recteur se levant pour ouvrir ce riche thrésor, exposa la commission qu'il en avait de Rome et de Messieurs les Grands Vicaires du diocèse, addressant la parolle à M. Pomerie, Docteur en théogie et digne pasteur de Mauriac, qui devoit authoriser cette ouverture, le priant de voir et faire voir si les sceaux du cercueil de S. Paulin estoient entiers, et de vérifier ses Reliques, pour en estre fait selon son rapport un instrument authentique.

M. Pomerie s'estant doncques approché de l'autel, visita les sceaux les fit voir à plusieurs personnes de probité pour mieux asseurer son témoignage, et fit après son rapport, disant hautement que les sceaux n'avoient point esté lézés; et qu'ainsi les Reliques qui estoient dedans méritoient toute sorte de Foy et de vénération, conformément à l'instrument authentique donné à Rome, par l'Eminentissime Cardinal Ginetti, vicaire général du Pape.

Cette sincère déposition confirmée par la plupart des assistants ayant été receuë avec applaudissement, le R. P. Recteur prit cette sainte caisse et rompant les sceaux, enlevant les clous et coupant les rubans qui l'entouraient ouvrit enfin le Cercueil, prenant décemment les Os de ce saint Martyr, et les posant sur un linge fin, doublé d'un taffetas incarnat préparé à ce dessein sur le même autel...

Le chœur de musique fit à mesme-temps retentir toute l'église d'un beau motet à la louange du grand Paulin, tout le monde prenant plaisir d'entendre et de goûter la suavité de ce saint nom : et la fanfare des Trompettes du Roy venus d'Achon, pour honorer la feste, succédant à ce concert, porta partout dans le voisinage l'agréable nouvelle de l'ouverture de la célébrité, qu'on fit entendre plus loing par le bruit redoublé des pièces à feu, qui tiroient du haut du clocher, de sorte que toute la ville fut à mesme temps avertie du lever de cet astre et des heureux commencements de ce jour solennel.

Cependant M. Bonnefon, Docteur en médecine, avec maistre Guillaume Pomeyrol, chirurgien très expert, firent la visite des ossements du saint Martyr, comme ils en avoient este priés par le R. P. Recteur. Et quoi-que je laisse l'acte entier de cette vérification, pour ne pas interrompre le cours de cette narration, je ne puis obmettre de faire icy le dénombrement des Reliques tel qu'il y est couché, pour remarquer en passant les grandes richesses que nous trouvâmes dans cette caisse. Cet acte dit doncques, *qu'il y fut trouvé dedans les os ensuivants, qui furent veus de tous les témoins nommés, et vérifiés par ledit sieur Bonnefou, médecin et Pomeyrol, chirurgien. Les os des cuisses, jambes, bras, l'os foscilles, l'occipital, les deux machoires, l'apophisme de l'os femur, l'os coronal, la machoire supérieure, l'os Petreus, l'os claviculaire, l'omoplate, l'ischion, les os orbitaires, les dents au nombre de vingt-quatre, les costes, les ossements des mains, vertébres, et le restant du corps réduit en cendres, ou petites parcelles de la longueur d'un doigt, ou demy doigt. Et parmi le tout une fiole de verre dans laquelle avoit esté mis le sang du martyr.*

... Laquelle visite authentique finie, et les prières achevées, tout le monde se retira plein de consolation.

L'histoire de la translation de S. Paulin. p. 72-76.

N° 19

ENCHASSEMENT

DU CORPS DE SAINT PAULIN

(23 juillet 1651)

Environ les neufs heures le R. P. Recteur du collége, sortant de la sacristie, assisté de Messieurs les curés de Mauriac, d'Arches, du Vigean, d'Anglars, et de deux de nos pères, tous revêtus de fort belles chappes, et précédés des autres Péres et religieux clercs de nostre Compagnie, et des prestres de ces quatre communautés, fût à la chapelle de S. Paulin, pour prendre le cercueil où ses Reliques estoient enfermées; et le portant sur le grand autel, exposa ce précieux dépost en veue de toute l'église pleine de monde jusques au sanctuaire, que plusieurs gentilshommes et autres personnes de mérite avoient occupé. Chacun se pressoit vers l'autel, pour avoir la consolation de voir les Reliques; tandisque le père, après les encensements et prières ordinaires faites au saint, bénissoit avec toutes les cérémonies de l'Eglise une chasse de bois doré qu'on avoit préparée pour les loger. La bénédiction estant doncque achevée, il prit les sacrés ossements et les transporta dans cette chasse, en réservant une petite partie pour estre mise dans le reliquaire d'argent, qu'on devoit donner à baiser au peuple. Après cette cérémonie on se disposa pour la procession générale.

L'histoire de la Translation de saint Paulin, p. 84, 85. 1.

N° 20

PROCÉS-VERBAL

DE LA

DERNIÈRE TRANSLATION DES RELIQUES DE SAINT PAULIN

(1er avril 1843)

Au nom de la Sainte-Trinité, Père, Fils et Saint-Esprit.

1. La châsse de S. Paulin fut transportée dans l'église paroissiale, le troisième dimanche de juillet 1793, puis au mois de septembre brisée et le corps livré aux flammes; quelques fragments ont seuls été conservés. On a vu plus haut, n° 13, la translation des Reliques de S. Paulin de Marchand à Mauriac, en 1821.

L'an de l'Incarnation de N.-S. Jésus-Christ mil huit cent quarante-troisième; du pontificat de Sa Sainteté Grégoire XVI le treizième; de l'épiscopat de Monseigneur Frédéric-Gabriel-Marie-François de Marguerye, le sixième, et le premier avril.

Nous, soussigné, chanoine honoraire, secrétaire général de l'évêché de Saint-Flour, spécialement délégué par M. de Pompignac, vicaire général de Saint-Flour; sur la demande qui nous en avait été faite par M. Chabau, chanoine honoraire, principal du collége de Mauriac, nous sommes transporté dans la maison à lui appartenant, sise près du collége, à l'effet de procéder, suivant les formes canoniques, à la vérification de plusieurs reliques conservées dans l'église dudit collége, et à leur translation dans une nouvelle châsse.

Assisté de Messieurs l'abbé Chabau, l'abbé Morzières, prêtre, professeur de sixième au collège précité; l'abbé Bec, prêtre, professeur de Rhétorique; Moissinac, professeur de quatrième; Louis Mespoulet, professeur de septième; Antoine-Germain-Gaspard Rixain, conseiller de la fabrique de l'église de Notre-Dame des Miracles, et président de la Congrégation; Pierre Vermegeol, menuisier; Antoine Chambon, élève de Rhétorique; et Pierre Lamouroux, élève de seconde, que nous avons choisi pour nous servir de secrétaire;

Nous avons procédé à cette vérification et à cette translation ainsi qu'il suit :

1° Dans une châsse en bois doré, bien fermée, nous avons trouvé une boîte en plomb, de forme carrée, attachée avec des rubans rouges, scellée en deux endroits du sceau de M. d'Auzers, curé de Mauriac; ayant ouvert cette boîte, nous y avons trouvé des parcelles des ossements des saints martyrs *Faustin, Damien* et *Protais* dont l'authenticité était attestée par deux lettres testimoniales, écrites sur parchemin, datées du 31 juillet mil six cent cinquante-deux, jour de la consécration de la chapelle du collège, signées par Louis d'Estaing, évêque de Clermont, scellées de son sceau.

2° Dans une châsse en bois recouverte en fer et bien fermée, nous avons trouvé plusieurs portions : 1° des ossements de S. Quinidius, évêque de Vaison, confesseur, lesquelles avaient été visitées et reconnues en mil six cent quarante-trois ainsi que l'attestait une inscription sur parchemin trouvée dans la même boîte; 2° des ossements de S. Mary, prêtre, confesseur, apôtre de l'Auvergne. Dans cette même boîte était une attestation sur parchemin de l'année mil cinq cent soixante-quatorze.

3° Dans une boîte en bois, recouverte en partie de lames de cuivre émaillée, bien close, nous avons trouvé, munies de plusieurs inscriptions, plusieurs parcelles des ossements de S. Mary, apôtre de l'Auvergne. Deux attestations en date du vingt-deux septembre, mil sept cent quatre-vingt-treize, signées de M. Bertin, ancien vicaire de Mauriac, jointes aux dernières châsses ci-dessus relatées, certifiaient que les deux sus-dites châsses, avaient été transférées, le jour précité, de l'église du monastère de Mauriac en l'église de Notre-Dame des Miracles.

Revêtu du rochet et de l'étole, nous avons retiré des susdites châsses tous ces restes sacrés dont l'authenticité était attestée ainsi qu'il a été dit; et nous les avons enchâssées avec d'autres reliques authentiques, données par M. Chabau, dans une châsse en cuivre, de forme gothique, à huit ouvertures munies chacune d'un verre, donnée à l'église du collège par le même, et nous les avons disposées dans l'ordre suivant :

Au milieu de la châsse nous avons disposé un vase

de verre, contenant le sang de S. Vincent, martyr, retiré des catacombes de Rome et donné à M. Chabau le quinze novembre mil huit cent trente-quatre, par Mgr Basile Tomagian, archevêque de Dyrrachium, custode des saintes Reliques; ce vase était enveloppé d'un papier scellé du sceau dudit archevêque.

A la droite de ce vase nous avons placé les saintes parcelles des ossements de S. Paulin, martyr, patron du collège et protecteur de la ville de Mauriac, enveloppés dans une pièce de soie rouge.

A la gauche de ce même vase nous avons placé les saintes parcelles des ossements de S. Damien et de S. Protais, martyrs, enveloppés semblablement dans une pièce de soie rouge.

Au côté droit nous avons placé les ossements de S. Mary, enveloppés d'une pièce de soie rouge; et au côté gauche les ossements de S. Quinidius pareillement enveloppés.

A la partie postérieure de la châsse nous avons suspendu trois reliquaires en cuivre argenté de forme ronde, munis par devant d'un verre, attachés avec des cordons de soie rouge, scellés du sceau de Mgr l'archevêque de Dyrrachium et munis de lettres d'authenticité, données à Rome, le quinze novembre mil huit cent trente-quatre, contenant l'un, une parcelle de bois de la vraie croix de Notre Seigneur J.-C., l'autre, une parcelle du voile de la B. Vierge Marie, mère de Dieu, et le troisième une parcelle du manteau de S. Joseph, époux de Marie.

Nous avons déposé dans la même châsse toutes les lettres testimoniales et tous les écrits relatifs à ces restes vénérables; nous avons enfin fermé la châsse précitée, et nous avons attaché le couvercle avec deux vis que nous avons scellées du sceau de Monseigneur l'évêque sur cire rouge.

Et nous avons clos le présent procès-verbal, et après l'avoir fait signer par tous les témoins précités, nous l'avons signé nous-même et scellé du sceau de Monseigneur l'évêque.

Fait à Mauriac les jour, mois et an que dessus.

L'abbé Chabau, principal; l'abbé Morzières; l'abbé Bec; Moissinac; L. Mespoulet; A. Rixain; Pierre Vernegeol; Chambon; P. Lamouroux;

Bouange, chan. hon, secrétaire général de l'evêché de Saint-Flour.

L'Annotateur Cantalien, n° du jeudi, 13 avril 1843. [1]

◆━━◆━◆━◆━◆━━◆

N° 21

RELIQUE

DE SAINT PAULIN

DANS UN DES BRAS-RELIQUAIRES DU MAITRE-AUTEL

Ex ossibus Sti Paulini, martyris, Mauriaci protectoris, Pro authenticitatis testimonio. De Pompignac. c. v. g.

Inscription sur un sachet de papier scellé aux armes de Mgr de Marguerye.

TRADUCTION

Des ossements de S. Paulin, martyr, protecteur de Mauriac; en témoignage d'authenticité, *signé :* de Pompignac, c. v. g.

━━━━◆►◄◆━━━━

1. Le Reliquaire de S. Paulin est aujourd'hui déposé dans la chapelle de Ste Thécdechilde, à l'église paroissiale.

AUTHENTIQUE POUR LA MÊME RELIQUE
(8 avril 1892)

Vicarii Capitulares Diœcesis Sancti Flori, Sede vacante.

Universis et singulis præsentes Litteras inspecturis notum facimus et testamur quod nos, ad majorem Omnipotentis Dei Gloriam suorumque sanctorum venerationem, ex authenticis locis desumptas recognovimus sacras particulas ex ossibus sancti Paulini, Martyris, Mauriaci Protectoris et Patroni, quas reverenter repositas in theca ovali ex aurichalco, crystallo ab anteriori parte munita, a posteriori vero funiculis sericis rubris colligata, bene clausa, sigilloque Capituli firmata, easque consignavimus cum facultate illas apud se retinendi, aliis donandi, et in quacumque ecclesia, aut oratorio, publice fidelium venerationi exponendi. In

---

TRADUCTION

Les Vicaires Capitulaires du Diocèse de Saint-Flour, le Siège vacant :

A tous et chacun de ceux qui les présentes Lettres verront, faisons connaître et attestons que, Nous, pour la plus grande gloire de Dieu Tout puissant et la vénération de ses Saints, avons reconnu des particules sacrées du corps de S. Paulin, martyr, Protecteur et Patron de Mauriac, extraites de lieux authentiques, placées avec révérence dans un médaillon en cuivre doré, muni d'un verre par devant et attaché par derrière avec des cordons de soie rouge, bien fermé, que nous avons assujetti et scellé du sceau du Chapitre, avec la faculté de les garder ou de les donner à d'autres, et de les exposer publiquement à la vénération des fidèles dans toute église ou oratoire. En foi

quorum fidem has testimoniales Litteras expediri mandavimus.

Datum Sanflori, sub signo unius ex nobis, sigilloque venerabilis Capituli, ac secretarii generalis subscriptione, anno Domini millesimo octingentesimo nonagesimo secundo, die vero mensis aprilis octava.

J. Lamouroux, prot. apost. vic. gen. cap.

De mandato : A. J. Tissier, s. g.

---

de quoi Nous avons ordonné d'expédier les présentes Lettres testimoniales.

Donné à Saint-Flour, sous le seing de l'un de Nous, le sceau du vénérable Chapitre et le contreseing du secrétaire général, l'an du Seigneur mil huit cent quatre-vingt-douze, le huitième jour d'avril.

Signé : J. Lamouroux, prot, apost. vic. gen. cap.

Par mandement : A. J. Tissier, s. g.

D'après les authentiques renfermés dans le reliquaire.

SÉRIE D

SAINTE THÉODECHILDE

N° 22

ACTE DE LA DONATION

D'UNE

VERTÈBRE DE SAINTE THÉODECHILDE

AU MONASTÈRE DE MAURIAC

(30 juillet 1663)

Ludovicus Henricus de Gondrin, miseratione divina Senonensis Archiepiscopus, etc... Dilectis nostris monachis, Priori et conventui monasterii S. Petri Mauriacensis, a monasterio S. Petri Vivi prope Senonas dependentibus, Salutem in eo per quem Sancti regnant in gloria.

Etsi venerandas ubique et ab omnibus christianis

TRDUCTION

Louis-Henri de Gondrin, par la miséricorde divine archevêque de Sens, etc... à nos bien-aimés les moines, prieur et couvent du monastère Saint-Pierre de Mauriac, dépendant du monastère de Saint-Pierre-le-Vif-les-Sens, Salut en celui par qui les saints règnent dans la gloire.

Bien que nous sachions par la foi catholique que les vénérables reliques des Saints doivent être honorées

Sanctorum reliquias fide catholica profiteamur; æquum tamen est et omni rationi consentaneum ut ibi præcipuâ quâdam religione sacra eorum pignora venerantur, ubi, dum vel in vivis agerent, virtutes maxime effulserunt, vel ubi patratis quibusdam ad eorum commendationem miraculis, testatam Deus voluit et observatam eorum sanctitatem. Cum itaque, sicut accepimus, vestrum monasterium sanctæ Theodechildis, Clodovæi I Francorum regis filiæ, dum adhuc inter mortales viveret, opibus ac pietate dotatum, Deo postmodum sub invocatione ejusdem sanctissimæ Virginis consecratum sit; desiderium vestrum tanquam pium, et religiosum, laude dignum censuimus ; quo instantissime postulastis, a religiosis Priore et conventu sancti Petri Vivi, prope civitatem nostram Senonensem, ubi sacra ejusdem Virginis pignora observari huc usque veneranda tra-

---

en tout lieu et par tous les chrétiens, cependant il est juste et entièrement conforme à la raison que leurs restes sacrés soient particulièrement honorés dans les lieux où ils ont vécu et où leurs vertus ont brillé d'un plus vif éclat; ou encore dans les endroits où Dieu a voulu attester leur sainteté par des miracles opérés à leur intercession. C'est pourquoi ayant appris que votre monastère fondé par les pieuses largesses de Ste Théodechilde, fille de Clovis Ier, roi des Francs, tandis qu'elle était encore en cette vie mortelle, avait été dédié plus tard à Dieu sous l'invocation de cette sainte Vierge ; aussi nous avons regardé comme pieux et digne de louange le religieux désir qui vous a poussés à demander avec instances aux Religieux, Prieur et couvent de Saint Pierre-le-Vif, près de notre ville de Sens, où, d'après une vénérable tradition, sont conservés jusqu'à présent les restes sacrés de Ste Théode-

ditione creditum est, partem quamdam insignem ad vos transmitti, quæ vestram totiusque regionis incolarum in dictam S. Virginem devotionem fovere, vel etiam augere possit. Porrecto itaque nobis ex parte D. prioris et conventu S. Petri Vivi supplici libello, concessimus ut unam vertebrarum jam sepositam a prædecessore nostro feli. record. Octavo de Bellegarde, pro vobis monachis Mauriacensibus, die XVI octobris anni MDCXLIII, cum ejusdem sacræ Virginis translationi operam dedit, ad vos mitteretur. Quam nobis a dicto Priore oblatam, interposito juramento eam ipsam esse affirmante, eidem D. Priori dedimus, ad vos majori quâ possit reverentia transmittendam cum præsentibus nostris litteris; quas quidem illustrissimo vestro ordinario simul cum sacris reliquiis exhibebitis, ut nonnisi cum ejus approbatione et consensu fidelibus christianis venerandas exponere possitis.

---

childe, qu'ils voulussent bien vous envoyer une partie insigne de ses reliques, afin que votre dévotion et celle des habitants envers cette illustre Vierge en fût favorisée et accrue. Donc le Prieur et le couvent de Saint-Pierre-le-Vif nous ayant adressé une supplique à cet effet, Nous avons accordé qu'on vous envoyât une de ses vertèbres que Notre Prédécesseur d'heureuse mémoire, Octave de Bellegarde, avait déjà mise de côté pour vous, le 16 octobre 1643, alors qu'il procédait à la translation de cette sainte. Le dit prieur nous l'a présentée, en affirmant avec serment son authenticité; nous la lui avons rendue pour vous être envoyée avec le plus de révérence possible, en même temps que nos présentes lettres. Mais vous aurez soin de les exhiber à votre illustre Ordinaire, en même temps que les sacrées Reliques, afin que ce ne soit qu'avec son

Datum in castro nostro de Nolone, die XXX mensis julii, an. D. MDCLXIII, S. de Gondrin A. Senonensis. De mandato, Maignan.

Acta sanctorum, 28 junii. *De sancta Théodechilde, n° 51.*

Sainte Théodechilde, vierge, Aurillac 1883, p. 197, 198.

---

approbation et son consentement que vous puissiez les offrir à la vénération des fidèles du Christ.

Donné en notre château de Nolon, le 30 juillet 1663. *Signé :* De Gondrin, a. de Sens. Par mandement, Maignan.

N° 23

ENCHASSEMENT DE LA VERTÈBRE

DE SAINTE THÉODECHILDE

(29 juin 1664)

Dom Antoine Fregeat, prieur, tout plein de zèle pour la maison de Dieu... ayant recouvert une relique de saincte Théodechilde, fille de Clovis, premier roy chrestien des Français et fondatrice du monastère, il l'enchâssa dans un beau reliquaire d'argent pezent douze ou treize marcs...

Un vertèbre de saincte Théodechilde, fille de Clovis, vierge et fondatrice de ce monastère et de la ville, renfermé dans un grand buste ou demy corps d'argent sur un pied de bois, en façon d'ébène, supporté par huict grosses pommes d'argent, et garni par le devant d'une belle lame de mesme matière, représentant la

saincte sous son habit de religieuse, ayant néantmoins
la couronne sur la teste, pour marquer sa royalle
naissance; où la translation, qui fust très solennelle,
fut faicte par le R. P. prieur, Dom Ambroise Frégeac,
le vingt-neuviesme de juin, de l'année mil six-cent-
soixante-quatre, qui fit dresser en mesme temps dans
nostre esglize un autel en l'honneur de cette saincte,
dont la relique fut tirée de l'abbaye de Saint-Pierre-le-
Vif après qu'on y eust faict la découverte de son sacré
corps; au costé proit du grand autel. 1.

Bibliothèque nationale, Fonds latin mss. 12,683.
Monasticon benedictinum, p. 180 et 197.

N° 24

ACTE DE LA TRANSLATION

D'UNE COTE DE Ste THÉODECHILDE

A MAURIAC

(10 mai 1877)

Victor Felix Bernadou, miseratione divina, ac sanctæ
sedis apostolicæ gratia, archiepiscopus Senonensis,
Episcopus Autissiodorensis, Galliarum et Germaniæ

TRADUCTION

Victor-Félix Bernadou, par la miséricorde divine et
la grâce du saint Siège apostolique, archevêque de

---

1. Cette châsse et la relique qu'elle contenait furent détruites
en 1793, au mois de septembre.

Primas, universis et singulis præsentes litteras inspecturis fidem facimus et attestamur, quod nos ad majorem Omnipotentis Dei gloriam, recognovimus costam sanctæ Theodechildis, virginis, quam ex authenticis locis extractam reverenter collocari fecimus in tubulum crystallinum ab extremis partibus bene clausum, et funiculo aureo undique colligatum sigilloque nostro obsignatum, cum facultate, ad nutum nostrum revocanda, apud se retineri, aliis donandi et in quacumque ecclesia, oratorio, ant capella nostræ Diœcesis publicæ venerationi fidelium exponent. In quorum fidem has litteras sub signo vicarii nostri generalis, sigilloque nostro et secretarii nostri subscriptione, expediri mandavimus.

Datum Senonis, anno Domini 1877, die vero mensis maii decima.

Sens, évêque d'Auxerre, Primat des Gaules et de Germanie, à tous et chacun de ceux qui ces présentes lettres verront, certifions et attestons que Nous, pour la plus grande gloire de Dieu Tout-puissant, avons reconnu une côte de sainte Théodechilde, vierge, extraite de lieux surs et authentiques, et que nous l'avons fait placer avec révérence dans un tube de cristal bien fermé à ses extrémités, entouré et attaché d'un fil d'or et scellé de notre sceau, avec la faculté, révocable à notre gré, de la garder ou de la donner, et de l'exposer à la vénération des fidèles dans toute église oratoire ou chapelle publique de notre diocèse. En foi de quoi nous avons fait expédier les présentes lettres, sous le seing de notre vicaire général, notre sceau et la signature de notre secrétaire.

Locus † sigilli. Grandjean, vic. gen. Carlier, decanus Capituli, sacr. reliq. custos.

D'après le procès-verbal déposé dans la châsse de sainte Théodechilde.

◆━━◆ ◆ ◆ ◆ ◆━━◆

N° 25

RECONNAISSANCE DE LA RELIQUE

PAR

L'ORDINAIRE DE SAINT-FLOUR

(16 mai 1877)

Episcopatus Sti-Flori. — Reliquiæ recognitæ et dono datæ.

Petrus-Antonius-Maria Lamouroux de Pompignac,

TRADUCTION

Donné à Sens, l'an de Notre-Seigneur 1877, le 16 mai. Grandjean, vic. gen. Carlier, doyen du chapitre, custode des saintes reliques.

Evêché de Saint-Flour. — Reliques reconnues et données.

Pierre-Antoine-Marie Lamouroux de Pompignac, par la grâce de Dieu, évêque de Saint-Flour, à tous et chacun de ceux qui ces présentes lettres verront, certifions et attestons que Nous, pour la plus grande gloire de Dieu admirable dans ses saints, avons reconnu de sacrées Reliques prises en lieux authen-

Dei et sanctæ sedis Apostolicæ gratia Episcopus Sancti-Flori, universis et singulis præsentes litteras inspecturis notum facimus et testamur quod Nos, ad majorem Dei in sanctis suis mirabilis gloriam, ex authenticis locis depromptas, recognovimus sacras particulas : costam nempe feré integram sanctæ Theodechildis virginis, Clodovæi I Francorum regis filiæ, in Senonensi civitate quiescentis, ab Illustrissimo et Rev. D. D. Archiepiscopo Senonensi jam recognitas et sigillatas, dono datas parochiali Ecclesiæ B. M. V. à Miraculis, civitatis Mauriaci, quæ sanctam Theodechildem ut fundatricem veneratur ; easque reverenter repositas in thecâ crystallinâ rotundâ funiculis aureis sericis colligatâ, bene clausâ, sigilloque archiepiscopali signatâ, Mauriacum transmisimus, cum facultate illas in quâcumque Ecclesiâ, aut oratorio, publicæ

------

tiques, à savoir : une côte presque entière de Ste Théodechilde, vierge, fille de Clovis Iᵉʳ, roi des Francs, dont le corps repose dans la cité de Sens, reliques déjà reconnues et scellées par l'Illustrissime et Révérendissime Archevêque de Sens, et données à l'église paroissiale de Notre-Dame des Miracles de la ville de Mauriac, qui honore Ste Théodechilde comme sa fondatrice. Elles sont placées dans un tube de cristal, bien fermé, entouré d'un fil d'or et de soie et scellé du sceau archiépiscopal. Nous les avons ainsi envoyées à Mauriac, avec la faculté de les exposer à la vénération des fidèles dans toute église ou oratoire public, après qu'elles auront été placées dans une châsse convenable. En foi de quoi nous avons fait expédier les présentes lettres testimoniales.

Donné à Aurillac, sous le seing de notre vicaire général, notre sceau et le contreseing du secrétaire

fidelium venerationi exponendi, in capsâ rite decoratâ inclusas. In quorum fidem has testimoniales litteras expediri mandavimus.

Datum Aurilaci, sub signo vicarii nostri generalis sigilloque nostro et secretarii generalis episcopatus nostri subscriptione, anno Domini millesimo octingentesimo septuagesimo septimo, die vero mensis maii XVI.

G. Bouange, proton. apost. vic. gen. archipr. Sti. Geraldi. — De mandato illustrissimi ac Reverendissimi D. D. Episcopi Sancti Flori, J. Lamouroux. c. h.

D'après l'acte authentique déposé dans la châsse de Ste Théodechilde.

---

général de notre évêché, l'an de Notre-Seigneur 1877, le 16 mai. G. Bouange, proton, apost. vic. gen. archiprêtre de Saint-Géraud. Du mandement de l'illustrissime et Révérendissime Evêque de Saint-Flour, Lamouroux, ch. 1.

1. La châsse en cuivre doré et émaillé de Ste Théodechilde est conservée dans la chapelle de Ste Théodechilde, autrement dite des *Enfants de Marie.*

SÉRIE E

DOCUMENTS
CONCERNANT DIVERSES AUTRES
RELIQUES VÉNÉRÉES A MAURIAC

N° 26

CATALOGUE

des reliques exposées dans l'église du Collège, le jour
de la Translation solennelle de S. Paulin.

(23 juillet 1651)

S. Laurent; S. Côme et S. Damien; S. Gervais et
S. Protais; S. Clet; S. Marcellin; S. Aurelien;
S. Maurice.

S. Mary, disciple du Sauveur; S. Antoine-le-Grand,
patriarche de anachorètes; S. Eusèbe et S. Remède,
évêques; S. Germain, patriarche de Constantinople.

Les saintes vierges : Albine; Essentie; Anatholie;
Panafrète, compagnes de Ste Ursule; Ste Apollonie;
Ste Thècle; Ste Claude; Ste Sutine; Ste Rosalie.

L'Histoire de la Translation de S. Paulin, p. 82.

N° 27

EXTRAIT DU PROCÈS-VERBAL

DE VISITE DE L'ÉGLISE DE MAURIAC

PAR LOUIS D'ESTAIN, ÉVÊQUE DE CLERMONT

(15 juillet 1652)

... Ensuite avons visité les saintes reliques, et premièrement avons visité un reliquaire d'argent fait en ovalle ayant un cercle dans lequel sont des reliques de plusieurs saints avec les inscriptions apposées et collées dessus ou proches d'icelles, quelques-uns n'en ont pas. Les inscriptions sont : *Sti Fabiani martiris*, et *Sti Sebastiani mar.* L'un et l'autre sont des parties d'os notables. Les autres inscriptions sont : *Sti Fulgentii, ep. confes. SS. Innocentium, Martini ep. confes. Sti Ferreoli mar. Leoboni, confes. Ludovici regis francorum, Marii, confes. Austremonii, ep. mar. Stæ Apolloniæ, vir, mar. Quinidii, ep. conf.* Et sur l'autre carton sont ces inscriptions : *Sti Damiani, Sti Eligii, ep. confes. Sti Andreæ apli.* Les autres reliques qui sont en y celui reliquaire et attachées aud. carton n'ont point d'inscription, et nous a été rapporté par le dit curé (Pierre Pomerye) qu'autrefois il y avait cette inscription sur les dites reliques qui n'ont point de billet pour les distinguer : *Reliquæ cujus nomen ignoratur.* Les dites reliques seraient plus propres si au lieu desdits carton et estoffe brodée qui est dessus, on y avait mis du cristal.

Ensuite avons visité un autre reliquaire d'argent auquel les reliques sont portées par deux figures d'ange dans un cristal de figure oblongue enchassé d'argent,

Le paquet des Reliques porte cette inscription : *De vestimentis B. Mariæ Virginis et alior. sanctorum.* Avons ordonné au dit curé de renouveler l'inscription qui est cousue au dit paquet et d'en remettre une autre pareillement escripte sur du velin. Partie desdites reliques était autrefois dans une image d'argent représentant la Ste Vierge et le petit Jésus, et d'autant que les enveloppes estaient seulement de papier subject à la pourriture, ledit curé les a enfermés dans ledit reliquaire. Avons vu ladite image d'argent...

Pièce originale aux archives du département du Cantal. Série H. Fonds de Mauriac.

━━━ ▶•◀ ━━━

N° 28

EXTRAIT DU CALENDRIER
DU BRÉVAIRE MAURIACOIS

(1658)

Sancti quorum habentur Reliquiæ notantur litteris : *Rel.*

Januarius. — 2. S. Fulgentii, Rel. — 20. SS. Fabiani et Sebastiani, in proprio sacello. Rel.

Februarius. — 9. S. Apolloniæ virg. et mart. Rel. — 15. S. Quinidii, episc. et confes. urbis Patroni, Reliquiæ servantur in monasterio S. Benedicti, Rel.

Junius. — 8. S. Marii, confess. Urbis patroni. Rel. — 25. S. Eligii, episcop. et confess. in proprio sacello Rel.

Julius. — Dominica tertia hujus mensis Festum S. Paulini, martyris, urbis patroni. Ejus reliquiæ servantur in templo collegii ab Innocentio summo pontifice, Roma Mauriacum dono missæ. — 20 S. Margaritæ, virg. et martyr, in proprio sacello Rel.

Augustus. — 24. S. Bartholomæi, apost. in proprio altar. Rel. — 25. S. Ludovici, confessoris, in proprio sacello. Rel.

September. — 10. Translatio S. Marii, confess. Rel. — 23. Translatio S. Quinidii, episc. et confess. Rel. — 27. SS. Cosmæ et Damiani, martyr. in proprio sacello Rel.

October. — 16. S. Gauderici, conf. agricolæ, in Collegio Societatis Jesu Reliquiæ.

November. — 8. S. Austremonii, episcopi et martyr. Rel. — 11. S. Martini, Episcop. et confess. Rel. — 30. S. Andreæ apostoli. Rel.

December. — SS. Innocentium. 1.

Officia in solemnitate Miraculorum B. Mariæ Virginis, et sanctorum Mauriaci patronorum. Tolosæ. M.DC.LVIII.

Au lieu de traduire, nous nous contenterons de donner ici la liste des saints dont les reliques sont mentionnées, dans ce calendrier comme existant à Mauriac en 1658, et dont on faisait l'office.

S. Fulgence; S. Fabien et S. Sébastien; Ste Apollonie; S. Quinide; S. Mary; S. Elol; S. Paulin; Ste Marguerite; S. Barthélémy, apôtre; S. Louis, roi; S. Côme et S. Damien; S. Gauderic; S. Austremonie; S. Martin; S. André, apôtre; SS. Innocents.

---

1. Le mot *Rel.* a été laissé sans doute par oubli, car il y avait, au monastère, des reliques des SS. Innocents, comme il en reste encore à l'église paroissiale.

N° 29

RELIQUES

DE SAINT GAUDERIC, LABOUREUR,

AU COLLÉGE

(1658)

De sancto Gauderico lectiones ex breviario Mira-
picensi quales edi nuper curavit Illustrissimus Hercules
de Levis, ejusdem Ecclesiæ episcopus, hic addimus,
tametsi in collegio Societatis tantum usui futuræ suit,
ob insignes illius sancti Reliquias, ab eodem illustrissimo Episcopo patribus societatis Jesu dono missæ.

*Officia in solemnitate Miraculorum Bæ Mariæ
Virginis,* etc. 1658.

1659

Præter D. Paulini ossa... e corpore S. Gauderici
partem eam acceperunt quam claviculam vocant, uni

TRADUCTION

Nous ajoutons ici les leçons de S. Gauderic, prises
dans le Bréviaire de Mirepoix, récemment édité par
l'Illustrissime Hercules de Levis, évêque de cette église,
bien qu'elles ne doivent servir que pour le collège de
la société de Jésus, à cause des reliques insignes de ce
saint données aux Pères Jésuites par le même évêque.

Outre les ossements de S. Paulin, les PP. Jésuites
de Mauriac possèdent une partie du corps de S. Gau-

e nostris dono datam ab illustrissimo Dno de Levi Mirapuensi antistite, societatis amantissimo. Pignus hoc sacrum astante populi multitudine in sacello qua par erat reverentia pompaque repositum est. Cumque hic sanctus, tum in Mirapuensi Diocesi, tum in Elnensi, in Gothalania, prodigiis claruerit, mirabilem hanc vim novus hospes hac in urbe explicuit. Mauriacenses enim solemni ad ejus reliquias supplicatione instituta quam maxime avebant imbrium copiam irrigendis frugibus, iisque colligendis serenitatem haud difficulter impetrarunt.

Tolosana Historia. Annales anni 1659. Colleg. Mauriacense. Mss. chez les Pères Jésuites de Toulouse.

---

deric, une clavicule, que l'un des nôtres a reçue de l'illustrissime Monseigneur de Levi, évêque de Mirepoix, très dévoué à la Société. Ce saint, déjà illustre par les nombreux miracles qu'il a opérés dans les diocèses de Mirepoix et d'Elne, en Catalogne, a voulu aussi manifester son admirable puissance dans cette ville dont il est devenu l'hôte vénéré. En effet les habitants de Mauriac, étant venus en solennelle procession à ses reliques, ont obtenu promptement de lui ce qu'ils désiraient ardemment, c'est-à-dire une pluie bienfaisante pour leurs moissons et un beau temps pour les recueillir. 1.

---

1. Les Reliques de S. Gauderic avaient été apportées à Mauriac entre les années 1655 et 1658. Elles ont disparu à l'époque de la Révolution.

Nº 3o

RELIQUES

DE SAINT SABINIEN, MARTYR

(9 mai 1662)

« Il y a aussi (dans le dépôt du monastère) un acte du don que fit au monastère de Mauriac le R. P. Jean-Elie de Saint-Benoît, provincial des Feuillants et prieur à Tulle, des reliques de S. Sabinien, martyrisé à Rome, sous Romulus, préfet de l'empereur Sévère, l'an 234. Il est contresigné de D. Jacques de Sainte-Scholastique, sous-prieur et secrétaire, 1662 9 mai, avec la permission de Monseigneur d'Estaing, évêque de Clermont, pour l'exposition des dites Reliques, en date du 1er avril 1663. »

Journal de voyage de D. Jacques Boyer, (30 juillet 1712). p. 243 — Ces reliques sont perdues aujourd'hui.

Nº 31

RELIQUES

DES DEUX BUSTES DU MAITRE-AUTEL

(XVIIIe siècle)

Dans le socle de chacun des bustes représentant S. Crépin et S. Crépinien, placés dans l'embrasure des fenêtres du maître-autel, se trouve une relique renfermée dans un sachet en étoffe, sur lequel on lit l'inscription :

« *Sanctæ Reliquiæ* »

Chaque sachet renferme aussi une inscription, en caractères du XVIIIe siècle, qui est la même pour les deux bustes :

« *La relique qui est pliée dans la toile d'argent qui est dans ce bust est une petite parcelle d'ossement qui a esté tirée d'un petit reliquaire rouge qui avait le pied et le bord d'argent, laquelle relique estoit sans escriteau s'estant perdu, et a esté mise dans ce bust suivant la permission qui en aurait esté donnée par M. Gay, supérieur du séminaire de Clermont, faisant la fonction de grand vicaire.* »

N° 32

RELIQUES

DE DEUX BRAS-RELIQUAIRES

EXPOSÉS AU MAITRE-AUTEL

(1837-1851)

Dans l'un des quatre bras-reliquaires, exposés au maitre-autel, à côté des deux bustes précités, est renfermé un médaillon d'argent, aux armes de Mgr de Marguerye, contenant des parcelles de reliques des saintes vierges martyres : *Apollonie, Agnès, Cécile, Agathe, Philomène* et *Victoire*.

Dans un second bras-reliquaire est renfermé un petit ossement de *S. Paulin,* dont il a été parlé plus haut, n° 20.

Les deux autres bras-reliquaires attendent encore des reliques.

------◄►◆◄►------

N° 33

RELIQUES

DES DEUX BUSTES QUI SONT EXPOSÉS

A L'AUTEL DE SAINT-MARY

(xviii° siècle)

Dans l'un de ces bustes, représentant une tête de sainte, se trouvent des parcelles de reliques *des SS. Innocents, de S. Eustache et de S. Candide*, avec inscriptions anciennes.

Dans le second buste, représentant une tête de saint, il y a des parcelles *de la grotte de Gesthsemani et du jardin des Oliviers*, avec inscriptions anciennes.

L'un et l'autre portent au dos : *Ex dono Petri Mirande.*

------►◆◄◆◄------

N° 34

AUTHENTIQUE

DES RELIQUES DE S. FRANÇOIS D'ASSISE ET DE S. ANTOINE DE PADOUE

(28 janvier 1845)

Stephanus Missir, Dei et Apostolicæ Sedis gratia Archiepiscopus Irenopoleos;

Attenta speciali facultate a SS. D. N. Gregorio papa XVI nobis tributa;

Universis et singulis præsentes nostras litteras inspecturis fidem facimus, nos ad majorem Omnipotentis Dei gloriam, ac sanctorum suorum venerationem, dono dedisse particulas ex cineribus ossium S. Francisci de Assis, conf. et fundris, et ex tunica S. Antonii Patavii, confes. ex authenticis locis extractas, legitime recognitas, atque reverenter repositas in theca

---

TRADUCTION

Etienne Missir, par la grâce de Dieu et du siège apostolique archevêque d'Irenopolis; vu la faculté spéciale à nous accordée par Sa Sainteté le pape Grégoire XVI;

A tous et chacun de ceux qui verront ces présentes lettres, certifions que, Nous, pour la plus grande gloire de Dieu Tout puissant et la vénération de ses saints, avons donné quelques particules des cendres des ossements de S. François d'Assise, confesseur et fondateur d'ordre, et des particules de la tunique de S. Antoine de Padoue, confesseur, extraites de lieux

ex aurichalco deargentato ovalis figuræ, unico cristallo munita, bene clausa et funiculo serico coloris rubri colligata, nostroque sigillo in sera rubra impresso signata, cum facultate illas apud se retinendi, aliis donandi et in quacumque ecclesia, ant oratorio, Christi fidelium venerationi publice exponendi. In quorum fidem has litteras testimoniales nostra manu subscriptas, nostroque sigillo munitas, per infrascriptum deputatum nostrum expediri mandavimus.

Datum Romæ ex ædibus nostris, hac die 28 mensis januarii 1845.

Signé : † Sphnus, archpus Irenopoleos.

Salvator Calcedi Sanchet, sacerd. deputat.

Original conservé dans la châsse en bois de S. François.

---

authentiques et enchassées avec révérence dans un reliquaire en cuivre, de forme ovale, muni d'un seul verre, bien fermé par un cordon de soie rouge et scellé de notre sceau sur cire rouge ; avec la faculté de les garder ou de les donner et de les exposer publiquement à la vénération des fidèles dans quelque église ou oratoire que ce soit.

En foi de quoi nous avons ordonné à notre fondé de pouvoirs ci-dessous signé d'expédier les présentes lettres testimoniales signées de notre main et scellées de notre sceau. Donné à Rome, dans notre maison d'habitation, ce 28 janvier 1845. Etienne, archev. d'Irenopolis. Salvator Calcedi Sanchet, prêtre, fondé de pouvoir.

Nᵒ 35

AUTHENTIQUE
DES RELIQUES DE SAINTE CLAIRE
ET DE
SAINTE VÉRONIQUE DE JULIANIS
(28 janvier 1845)

Stephanus Missir, Dei etc... 1.

Particulas ex tunica S. Claræ, virg. Assis. et Veroniæ de Julianis, virg. capucce, ex authenticis locis...

Datum Romæ ex œdibus nostris, hac die 28 mensis Januari 1845.

Signé : † Sphnus archpus Irenopoleos, Salvator Calcedi Sanchet sacerd. deputatus.

Original conservé dans la châsse en bois de S. François. 2.

TRADUCTION

Etienne Missir, etc...

... Des particules de la tunique de Ste Claire, vierge d'Assise, et de Ste Véronique de Julianis, vierge, de l'ordre des Capucines...

Donné à Rome, dans notre maison d'habitation, le 28 janvier 1845... Etienne, arch. d'Irenopolis. Salvator Calcedi Sanchet, prêtre, fondé de pouvoir.

1. Cet acte a la même teneur que le précédent, sauf l'indication des saintes reliques.

2. Cette châsse est exposée dans la chapelle de S. François, anciennement de Miremont, puis des Morts, où un nouvel autel en marbre blanc vient d'être placé, sortant des ateliers de M. Mahoux, sculpteur à Rodez et exécuté aux frais du Tiers-Ordre.

Nº 36

PROCÈS VERBAL
DE L'ENCHASSEMENT DE PLUSIEURS
PRÉCIEUSES ET SAINTES RELIQUES

PREMIER RELIQUAIRE
(13 mai 1890)

François-Marie-Benjamin Baduel, par la miséricorde divine et la grâce du Saint-Siège apostolique, évêque de Saint-Flour, assistant au trône pontifical, comte Romain.

L'an de Notre-Seigneur mil huit cent quatre-vingt-dix, et le treize mai, étant à Mauriac, en cours de notre visite pastorale, assisté de M. Mercuy, vicaire général, de M. Aurier, curé-archiprêtre de Mauriac et de M. de Montarnal, notre secrétaire particulier ; on nous a présenté une châsse en cuivre doré, à huit ouvertures, munies chacune d'un verre, dans laquelle avaient été déposées les reliques suivantes :

1º De la grotte de la Nativité de N.-S. J.-C.
De la maison de Nazareth.
Du mont Thabor.
Du torrent de Cedron.
Du jardin de Gethsemani.
Du lieu de la flagellation.
De la voie douloureuse.
De la montagne du Calvaire.
De la rouille de la sainte lance (sur un linge blanc).
Du sépulcre de N.-S.
Du lieu de l'ascension.
Du Cénacle.

2° Des reliques de la maison de Ste Anne à Jérusalem.
Du lieu de la Visitation.
Du sépulcre de la T. S. Vierge.
3° Des ossements de S. Jean-Baptiste, précurseur de N.-S.
4° De la prison Mamertine.
5° Des ossements de S. Etienne, premier martyr.
    «   de S. Longin, martyr.
    «   de S. Côme, martyr (fragment du chef, autrefois vénéré dans l'église du monastère de Mauriac).
    «   de S. Symphorien d'Autun, M.
    «   de S. Vincent, M.
    «   de S. Reparat, M.
Des cheveux du B. Perboyre, M.
6° Des ossements de S. Flour, confesseur, premier évêque et patron du diocèse.
    «   de S. Eloi, confesseur pontife, (deux fragments).
    «   de S. Paulin, confes. pontife.
    «   de S. Médard, «   «
    «   de S. Exupère, «   «
De la chair de S. François de Sales, évêque et docteur (deux fragments).
7° Des ossements de S. Mary, confesseur, patron de Mauriac.
    «   de S. Bernard, abbé, docteur de l'Eglise.
    «   de S. Bernard de Montsalvy, confes.
    «   de S. Antoine, abbé, confesseur.
    «   de S. Stanislas Kostka, confesseur.
De la peau et des nerfs de S. Vincent,   «
Des vêtements de S. François d'Assise,   «
    «   de S. Vincent de Paul,   «
    «   de S. Camille de Lellis,   «
                                      ».

8º Des ossements de Ste Agnès, V. M.
«   de Ste Blandine, M.
«   de Ste Léobarde, M.
«   de la B. Marguerite-Marie, V. (deux fragments).
«   de Ste Monique, veuve.
De la chair de Ste Jeanne-Françoise de Chantal, veuve (deux fragments).
9º Plusieurs autres saintes Reliques dont les noms sont perdus.
10º Des ossements de S. Géraud, confesseur.
«   de S. Thomas d'Aquin, conf. et Docteur de l'Eglise.

Sur le témoignage écrit qui nous a été rendu par M. l'abbé Chabau, chanoine honoraire de notre cathédrale, aumônier du pensionnat Saint-Eugène d'Aurillac, que les susdites reliques données par lui à l'église de Mauriac, ont été prises en des lieux sûrs, ou lui ont été données par des personnes religieuses et en tout dignes de foi, et sont munies du reste, pour la plupart, de lettres testimoniales ou de sceaux épiscopaux,

Nous, pour la plus grande gloire de Dieu et de ses saints, avons, par les présentes lettres, reconnu comme authentiques toutes les saintes reliques ci-dessus énumérées ; avons scellé en deux endroits, de notre sceau ordinaire, la châsse qui les renferme, après y avoir préalablement déposé le présent procès-verbal, et enfin en avons permis l'exposition à la vénération des fidèles.

Donné à Mauriac, sous notre seing et le sceau de nos armes, dans l'octave de Notre-Dame des Miracles, les jour et an que dessus.

Signé : † F. M. Benjamin, évêque de Saint-Flour.

Par mandement de Monseigneur : de Montarnal, secrét. part.

D'après l'original déposé dans la châsse.

----•----

Nº 37

PROCÈS-VERBAL DE L'ENCHASSEMENT
DE PLUSIEURS SAINTES RELIQUES

SECOND RELIQUAIRE

(13 mai 1890)

François-Marie-Benjamin Baduel, etc... 1.

1º Des ossements de S. Pierre, prince des apôtres.
De la terre prise au lieu de sa crucification.

2º Des ossements de S. Blaise, évêque et martyr.
    «   de S. Maurice, M., chef de la légion Thébenne.
    «   de S. Georges martyr.
    «   de S. Pie, martyr romain dont le corps repose à Pléaux.
    «   de S. Félix, mart. rom.
    «   de S. Clair, «   «
    «   de S. Venustus, mart. rom.
    «   de S. Candide, «   «
    «   de S. Clément, «   «
    «   de S. Aurélien, «   «

3º Des ossements de S. Flour, confesseur, premier évêque et patron du diocèse.

----

1. Cet acte a la même teneur que le précédent, sauf l'énumération des Reliques.

«   de S. Martial, disciple de Notre-
          Seigneur , premier évêque de
          Limoges.

De la chair de S. François de Sales, évêque et doc-
          teur de l'Eglise.

4° Des ossements de S. Bernard, abbé de Clairvaux.
    «   de S. Dominique, confesseur.

Des vêtements de S. François d'Assise.

Des ossements et du cilice de S. Louis, roi de France.

Du chef de S. Prosper, confesseur.

Des ossements de S. Benoît-Joseph Labre, conf.

5° Des ossements de Ste Ursule, vierge martyre.
    «   de Ste Barbe,   «   «
    «   de Ste Apollonie, «   «
    «   de Ste Blandine , martyre romaine
          dont le corps repose à Condat.

Du chef, des cheveux et du bois de lit de Ste Flore,
          vierge, née à Maurs, religieuse hos-
          pitalière à Beaulieu, (Lot).

De la chair de Ste Jeanne-Françoise de Chantal,
          veuve.

6° Diverses reliques de saints dont les noms sont peu
          lisibles, dans un vieux reliquaire
          en corne fondue, décoré au centre
          d'une rose bénite du S. Rosaire.

7° Deux ossements de saints, provenant du trésor de
          l'église de Langres, dont les noms
          sont inconnus.

8° Dix autres ossements dont les noms ont disparu.

8° Un *Agnus Dei* béni par Léon XIII.

Sur le témoignage...

Donné à Mauriac, sous notre seing et le sceau de
nos armes, dans l'Octave de Notre-Dame des Miracles,
les jour et an que dessus.

Signé : † F. M. Benjamin, évêque de Saint-Flour.

Par mandement de Monseigneur, de Montarnal, secrét. part.

D'après l'original déposé dans la châsse. 1.

1. Ces deux dernières châsses, les plus grandes et les plus riches que possède l'église de Mauriac, lui ont été données par les soins et le zèle de M. l'abbé Albessard, vicaire. Elles sont déposées dans la chapelle absidale du nord, anciennement dédiée à S. Jean l'Evangeliste, puis au Saint-Sacrement, et actuellement sous le vocable du Sacré-Cœur.

TABLE